Reflexiones teóricas para la Educación Matemática

Reflexiones teóricas para la Educación Matemática

Humberto Alagia · Ana Bressan · Patricia Sadovsky

Reflexiones teóricas para la Educación Matemática

libros del
Zorzal

> Sadovsky, Patricia
> Reflexiones teóricas para la Educación Matemática
> Patricia Sadovsky; Humberto Alagia; Ana Bressan
> 1a ed. Buenos Aires: Libros del Zorzal, 2005
> 128 p.; 21x14 cm. (Formación docente / Matemática. Matemática; 5)
> ISBN 987-1081-74-X
> 1. Matemática-Educación I. Alagia, Humberto, II. Bressan, Ana,
> III. Título CDD 510.7.

Este libro contiene tres conferencias dictadas en la primera Escuela de Invierno en Didáctica de la Matemática, organizada por el Centro de Estudios en Didácticas Específicas de la Escuela de Humanidades de la Universidad de San Martín. Tuvo lugar en Buenos Aires del 16 al 18 de agosto de 2004.

Realizado con el apoyo del Fondo Cultura B.A. de la Secretaría de Cultura del Gobierno de la Ciudad de Buenos Aires.

EDICIÓN
OCTAVIO KULESZ

REVISIÓN
LUCAS BIDON-CHANAL

DISEÑO
VERÓNICA FEINMANN

© Libros del Zorzal, 2005
Buenos Aires, Argentina

ISBN 987-1081-74-X

Libros del Zorzal
Printed in Argentina
Hecho el depósito que previene la ley 11.723

Para sugerencias o comentarios acerca del contenido de *Reflexiones teóricas para la Educación Matemática*, escríbanos a: info@delzorzal.com.ar

www.delzorzal.com.ar

Índice

Introducción 9

La Teoría de Situaciones Didácticas: un marco
para pensar y actuar la enseñanza de la matemática
PATRICIA SADOVSKY 13

    1. Introducción 15

    2. La Teoría de Situaciones Didácticas: un modelo
    de las interacciones didácticas. Primeros anticipos 17

    3. Acerca de la noción de situación adidáctica 22

    3.1 Acerca del alcance de la noción
    de situación fundamental 30

    4. Acerca de la relación entre conocimiento y saber 34

    5. La noción de contrato didáctico 37

    5.1 La conceptualización de la acción docente:
    devolución e institucionalización 41

    5.1.1 Devolución e institucionalización
    concebidos como procesos 44

    5.1.2 La comunicación de normas de trabajo
    matemático como parte de la devolución 46

    5.2 Las elaboraciones del alumno: entre las
    resistencias del medio y el deseo del docente 47

    5.2.2 Las retroacciones de los pares
    y la producción de conocimiento 48

5.3 La noción de contrato didáctico
y la construcción de normas 51

6. La memoria didáctica. La relación viejo-nuevo
en la Teoría de Situaciones. Las situaciones de evocación 57

7. Una nueva mirada a la relación
entre lo didáctico y lo adidáctico 60

Reflexiones finales 63

Bibliografía 65

Los principios de la Educación Matemática Realista
ANA BRESSAN, BETINA ZOLKOWER, MARÍA FERNANDA GALLEGO **69**

Los principios de la Educación Matemática Realista 73

Principio de actividad 73

Principio de realidad 75

Principio de reinvención 80

Principio de niveles 81

Principio de interacción 92

Principio de interconexión (estructuración) 93

El currículo, la investigación didáctica y la
capacitación desde la Educación Matemática Realista 93

Bibliografía 96

Educación matemática: Disciplina y proyecto
HUMBERTO ALAGIA **99**

Prólogo 101

Disciplina y proyecto 102

Puntos de vista 107

Profesión y campo científico 112

¿Educación como proyecto
o educación como disciplina? Dos ejemplos 115

La perspectiva didáctica 120

Comunidades: Matemática y Educación matemática 122

Bibliografía 123

Introducción

Este libro convoca al lector a pensar *sobre* la enseñanza de la matemática. No sobre la enseñanza de algunos conceptos matemáticos en particular sino sobre el proceso de construcción de conocimientos matemáticos en una clase. Proceso complejo, sin duda. Proceso en el que necesariamente se juegan tomas de posición: cómo se concibe la matemática, por y para qué se enseña en la escuela, qué es aprender, qué tipo de producción se espera de los alumnos, esos futuros ciudadanos, más probablemente "laicos" que "sacerdotes" del credo matemático.

Se trata de un libro teórico. Para mayor precisión, un libro de teoría didáctica. O sea, un libro en el que el "objeto" de estudio –el "misterio", la "caja negra"– constituye el conjunto de asuntos que intervienen en la elaboración de conocimientos en una clase; clase inserta en una institución, institución que forma parte de la sociedad. ¿Cuáles son aquellos asuntos? Eso depende de la teoría y, en parte, este libro se ocupa de ello.

¿En qué medida un libro en el que se desarrollan perspectivas teóricas acerca de la educación matemática "le sirve" a un profesor (actual o futuro)? La respuesta –como siempre– es relativa. Depende de cómo se ubique el profesor. Si el profesor concibe la enseñanza como un "problema a resolver", si piensa que enseñar supone la toma de decisiones que admiten algún nivel de fundamentación, la teoría didáctica sirve para enriquecer la perspectiva de la enseñanza, para tomar conciencia de la complejidad de los procesos allí involucrados, para volver problemático lo que funciona como "natural", para producir explicaciones nuevas para hechos que preocupan desde hace tiempo, para cuestionar, para criticar, para profundizar. El lector encontrará en este libro varias advertencias que señalan que la teoría didáctica no propone reglas de acción que se puedan utilizar en el aula de manera inmediata. Sostenemos de todos modos su "utilidad" porque concebimos que, para poder actuar, el profesor necesita tomar su práctica como objeto de reflexión y producir ideas que sustenten mejor esa acción siempre renovada de enseñar.

Este libro está compuesto por tres artículos: uno escrito por Patricia Sadovsky sobre *la Teoría de Situaciones Didácticas*, propuesta y desarrollada inicialmente por Guy Brousseau; otro elaborado por Ana Bressan, Betina Zolkower y María Fernanda Gallego, en el que se tratan los principios de la *Educación Matemática Realista*, que reconoce como fundador al matemático holandés Hans Freudenthal; y un tercero, cuyo autor es Humberto Alagia, en el que se invita a reflexionar sobre las complejas relaciones entre la Educación Matemática como proyecto social que compromete a un amplio abanico de hombres, mujeres e instituciones de nuestra sociedad, y la Educación Matemática como dominio de conocimiento que se nutre de las producciones de los distintos grupos de investigadores que desarrollan su actividad en el mundo académico.

Tanto la Teoría de Situaciones como la Educación Matemática Realista proponen modelos para los procesos de producción matemática en el ámbito escolar. Para ello problematizan la actividad matemática misma. Lo hacen con miradas y énfasis diferentes pero con puntos de partida convergentes: la matemática es una actividad humana a la que todos pueden acceder, y es la actividad misma, y no sólo sus resultados –aunque éstos obviamente se incluyen–, la que se constituye en un objeto de enseñanza con alto valor formativo para niños y jóvenes.

Problematizar la actividad matemática de la clase supone analizar cuáles son los procesos que dan lugar a la producción de conocimientos, qué características tienen sus problemas, qué papel juegan los contextos particulares, cómo se validan sus soluciones, cómo se conforman y evolucionan sus normas, cómo emergen y se desarrollan diferentes modos de representar los objetos, cómo se constituyen las teorías, cómo intervienen las interacciones sociales, qué papel juega el docente como actor diferenciado. Explicitar las referencias que se toman para realizar estos estudios también forma parte del desarrollo teórico.

Problematizar la actividad matemática de la clase constituye a la vez una tarea matemática y didáctica: se trata de estudiar un tipo de actividad particular –la de la disciplina matemática– en la que está presente la intención de enseñar.

Las relaciones entre la producción teórica y la práctica de enseñar –preocupación legítima de los profesores, preocupación necesaria de los investigadores– están tratadas y problematizadas en el artículo de Humberto Alagia. Hay en este asunto todavía mucha *tela para cortar*: los tiempos, las exigencias y las condiciones en las que se produce conocimiento en el marco de la investigación didáctica no van en general de la mano de las necesidades que tiene un profesor cuando debe decidir su proyecto de enseñanza. La investigación, a su vez, no puede perder de vista que en su horizonte está –debe estar– la tarea de aportar elementos que mejoren la enseñanza. Los profesores por su parte no deberían esperar los *métodos* que la investigación nunca va a producir, ya que tal empresa no forma parte de su objeto: estudiar los procesos de producción de conocimiento matemático en la clase no deriva –no puede derivar– en un conjunto de normas y prescripciones para enseñar. Como se sostiene en el artículo de Alagia: *hay una tensión compleja y difícil de manejar entre la disciplina y las urgencias del proyecto.*

Comenzamos diciendo que este libro convoca a pensar sobre la enseñanza de la matemática. Precisamos ahora: este libro convoca a pensar *colectivamente* sobre la enseñanza de la matemática. Efectivamente, éste no es un libro para leer en soledad. Es un libro de estudio y, por lo tanto, de discusión. Queda para los lectores, la tarea nada sencilla de establecer relaciones entre las diferentes posiciones que se exponen, encontrar vínculos, identificar distancias, reconocer acuerdos y desacuerdos, aceptar aportes... Precisamos entonces aún más: este libro convoca a trabajar colectivamente sobre la enseñanza de la matemática; después de todo, la lectura y el estudio constituyen actos de producción.

Patricia Sadovsky

La Teoría de Situaciones Didácticas: un marco para pensar y actuar la enseñanza de la matemática [1]

PATRICIA SADOVSKY

---

[1] Este artículo se nutre de las tantísimas discusiones con entrañables colegas y amigos con quienes hemos estudiado la Teoría de Situaciones: Delia Lerner, Carmen Sessa, Ana Espinoza, Gustavo Barallobres, Cecilia Parra, Mabel Panizza, Irma Saiz. Los intercambios que he tenido el privilegio de sostener con Marie-Jeanne Perrin Glorian, mi directora de tesis, han sido también volcados en este trabajo.

1. Introducción

Una teoría –sobre los procesos de enseñanza y aprendizaje de la matemática, en nuestro caso– queda al mismo tiempo lejos y cerca de esos ámbitos complejos, las aulas, en los cuales los docentes deben (intentan, desean, pelean por) enseñar y los alumnos deben (intentan, desean, se resisten a) aprender. Lejos, porque la teoría no es un espejo –¿*lamentablemente?*– de la realidad; cerca, porque ofrece herramientas para pensar *sobre* la realidad. Lejos, porque la teoría no provee ni reglas, ni normas, ni prescripciones para actuar; cerca, porque profundiza nuestra comprensión de los hechos de las clases, al producir explicaciones que muestran una amplia zona de matices allí donde antes veíamos un solo color. Lejos, porque en el "terreno" en que ocurre el encuentro –¿*la batalla*?, ¿*la transacción*?, ¿*la comunión*?– entre alumnos y docentes acerca del saber matemático acontecen hechos que la teoría no contempla; cerca, porque la teoría nos deja ver cuestiones de la enseñanza que no nos resultan accesibles aun participando activamente –con todo lo que ello implica– en el día a día de las aulas. Lejos, porque en el trabajo cotidiano irrumpen imprevistos que se escapan necesariamente a cualquier predicción teórica; cerca, porque la teoría nos permite advertir que aquello que *siempre estuvo ahí*, que *es así*, es el resultado de decisiones de los hombres y no un ordenamiento –lógico o caprichoso, no importa– de la naturaleza.

Una teoría es un recorte, un modelo que intencionalmente selecciona algunos de los aspectos del proceso que se quiere estudiar. Por eso carece de sentido atribuirle desajustes con respecto a la realidad: no se pretende atrapar todo, no se anuncia lo que va a ocurrir, no se garantiza que las cosas vayan a transitar de la mejor manera posible.

Una teoría no es una cuestión de nombres. Los nombres –los conceptos, que en realidad se nombran de una cierta manera– se vuelven herramientas cuando permiten conocer nuevos asuntos que no están identificados fuera de la teoría. Los nombres –los conceptos– cobran sentido además cuando se relacionan unos con otros formando un cuerpo estructurado. Cuando se usan para "aplicar" nuevas palabras a aquello que ya conocíamos, no aportan nada productivo. Lo que importa es ampliar –modificar– nuestra perspectiva de la enseñanza y el aprendizaje. Actuar mejor a partir de ello no es una consecuencia inmediata. Entre el saber teórico y la práctica, hay personas y hay instituciones, creencias, responsabilidades, exigencias, lealtades y traiciones, ideologías... Todo ello condiciona la escena que efectivamente sucede en las clases.

Desde esta ubicación, según la cual una teoría está *separada* de la realidad al mismo tiempo que –por hacerla inteligible– brinda elementos para intervenir sobre la realidad, es que nos disponemos ahora a desarrollar nuestra interpretación de algunas ideas de la Teoría de Situaciones Didácticas, formulada inicialmente por Guy Brousseau [2] y retomada, reformulada y enriquecida por una amplia comunidad de investigadores, fundamentalmente de la comunidad francesa de Didáctica de la Matemática.

2. La Teoría de Situaciones Didácticas: un modelo de las interacciones didácticas. Primeros anticipos

Guy Brousseau (1986, 1988 a, 1988 b, 1995, 1998, 1999) propone un modelo desde el cual pensar la enseñanza como un proceso centrado en la *producción* de los conocimientos matemáticos en el ámbito escolar. Producir conocimientos supone tanto establecer nuevas relaciones como transformar y reorganizar otras. En todos los casos, producir conocimientos implica *validarlos*, según las normas y los procedimientos aceptados por la comunidad matemática en la que dicha producción tiene lugar. [3]

---

[2] Guy Brousseau (1933) comenzó su carrera profesional como maestro de escuela primaria. Se formó posteriormente como matemático y obtuvo el título de Doctor en Ciencias de la Universidad de Burdeos. Su contribución teórica esencial al campo de la Didáctica de la Matemática es la Teoría de Situaciones Didácticas, una teoría cuyas primeras formulaciones fueron propuestas en los comienzos de los años '70 y que, gracias a la energía y creatividad excepcionales de Guy Brousseau y a los aportes de numerosos investigadores de la comunidad francesa de Didáctica de la Matemática continúa reformulándose permanentemente.

[3] La producción de conocimientos en la clase abarca también las normas matemáticas que orientan la producción y validación de relaciones y las formas de representación que se utilizan. Estos aspectos serán tratados más adelante en este artículo. A lo largo del artículo irá quedando claro a qué estamos llamando "comunidad matemática". Di-

Concebir la clase como un ámbito de producción supone ya una toma de posición: respecto del aprendizaje, de la enseñanza, del conocimiento matemático, de la relación entre el conocimiento matemático que habita en la escuela y el que se produce fuera de ella.

Brosseau toma las hipótesis centrales de la epistemología genética de Jean Piaget como marco para modelizar la producción de conocimientos. Sostiene al mismo tiempo que el conocimiento matemático se va constituyendo esencialmente a partir de reconocer, abordar y resolver problemas que son generados a su vez por otros problemas. Concibe además la matemática como un conjunto organizado de saberes producidos por la cultura.

La concepción constructivista lleva a Brousseau (1986) a postular que el sujeto produce conocimiento como resultado de la adaptación a un "medio" resistente con el que interactúa: *"El alumno aprende adaptándose a un medio que es factor de contradicciones, de dificultades, de desequilibrios, un poco como lo ha hecho la sociedad humana. Este saber, fruto de la adaptación del alumno, se manifiesta a través de respuestas nuevas que son la prueba del aprendizaje".*

A la vez, Brousseau (1988 a) postula que *para todo conocimiento* (matemático) es posible construir una *situación fundamental*, que puede comunicarse sin apelar a dicho conocimiento y para la cual éste determina la estrategia óptima.

La concepción de la matemática como un producto de la cultura permite concebir la diferencia entre el *conocimiento*

---

gamos por ahora que, en la Teoría de Situaciones, la clase es concebida como una comunidad matemática de producción de conocimiento en la que el docente es a la vez miembro de dicha comunidad y representante del saber erudito.

que se produce en una situación particular y el *saber* estructurado y organizado a partir de sucesivas interpelaciones, generalizaciones, puestas a punto, interrelaciones y descontextualizaciones de las elaboraciones que son producto de situaciones específicas. Resulta entonces que no se puede acceder al saber matemático si no se dispone de los medios para insertar las relaciones producidas en la resolución de un problema específico en una construcción teórica que abarque dichas relaciones. En términos de Brousseau: *"un medio sin intenciones didácticas es claramente insuficiente para inducir en el alumno todos los conocimientos culturales que se desea que él adquiera"* (1986).

Los elementos centrales de la teoría quedan esbozados a partir de estas tres hipótesis generales.

El modelo de Guy Brousseau describe el proceso de producción de conocimientos matemáticos en una clase partiendo de dos tipos de interacciones básicas: a) la interacción del alumno con una problemática que ofrece resistencias y retroacciones que operan sobre los conocimientos matemáticos puestos en juego; y b) la interacción del docente con el alumno a propósito de la interacción del alumno con la problemática matemática. A partir de ellos postula la necesidad de un "medio" pensado y sostenido con una *intencionalidad didáctica*.

Las interacciones entre alumno y *medio* se describen a través del concepto teórico de *situación adidáctica*, que modeliza una actividad de producción de conocimiento por parte del alumno independientemente de la mediación docente. El sujeto entra en interacción con una problemática, poniendo en juego sus propios conocimientos, pero también modificándolos, rechazándolos o produciendo otros nuevos, a partir de las interpretaciones que hace sobre los resultados de sus acciones (retroacciones del *medio*). El concepto de *medio* incluye entonces tanto una problemática matemática inicial que el sujeto enfrenta, como un conjunto de relaciones –esencialmente matemáticas también– que se van modificando a medida que el sujeto produce conocimientos en el transcurso de la situación, transformando en consecuencia la realidad con la que interactúa.

Las interacciones entre docente y alumno a propósito de aquella del alumno con el *medio* se describen y se explican a través de la noción de *contrato didáctico*. Esta herramienta teórica da cuenta de las elaboraciones con respecto a un conocimiento matemático en particular, que se producen cuando cada uno de los interlocutores de la relación didáctica interpreta las intenciones y las expectativas –explícitas e implícitas– del otro en el proceso de comunicación. Cuando el docente dice, gesticula o sugiere a raíz de una intervención del alumno referida al asunto matemático que se está tratando, además de lo dicho explícitamente, juega una intención que muchas veces se expresa entrelíneas. El alumno –justamente porque es alumno– trata de descifrar los implícitos: supone, infiere, se pregunta –y se responde– qué quiso decirle el docente con sus gestos. Todo eso interviene en la conceptualización que el alumno logra alcanzar. De alguna manera, el concepto de contrato didáctico nos permite tomar conciencia de que una parte de las ideas matemáticas de los alumnos son producto de inferencias que, por provenir de lo que el docente expresa pero no necesariamente dice, escapan generalmente a su control. Más adelante volveremos sobre estas cuestiones.

Brousseau señala que la necesidad teórica de un *"medio"* está dada por el hecho de que la relación didáctica va a extinguirse, y en el futuro el alumno deberá hacer frente a situaciones desprovistas de intenciones didácticas (1986). A esto nosotros agregaríamos que un proceso de aprendizaje basado principalmente en interacciones con el docente, sin la confrontación del alumno con una porción de la "realidad",[4] que puede conocerse –y por lo tanto modificarse– a través de las herramientas que ofrece la matemática, deja muy poco espacio para que el alumno confronte sus anticipaciones con las respuestas de la "realidad", con la que interactúa y en esa confrontación aprenda a controlarla por un lado y a reconocer el alcance de las relaciones utilizadas, por otro. Desde nuestro punto de vista, sin las interacciones con un *medio* se desdibuja tanto el papel de los conceptos matemáticos en tanto medio de resolución de problemas como la posibilidad de poner en juego herramientas de validación propias de la disciplina.

Ahora bien, una visión de la enseñanza que se centre exclusivamente en los procesos de producción de conocimientos en interacción autónoma con un *medio*, sin las retroacciones de quienes comparten la misma comunidad, ni la mediación de quienes representan el saber cultural (los docentes), desconoce que las respuestas a problemas particulares no se insertan de manera automática en un sistema organizado de conocimientos que permite abordar cuestiones que van mucho más allá del contexto que las hizo observables. Dicho de otro modo, se estaría desconociendo el carácter social y cultural de la construcción de conocimientos escolares. En la perspectiva de Brousseau,

---

[4] Estamos pensando en una "realidad" –intra o extra matemática– en la que se ha recortado un problema matemático a resolver, lo cual supone ya un sistema de conocimientos interactuando con la misma.

la clase se piensa como un espacio de producción en el cual las interacciones sociales son condición necesaria para la emergencia y la elaboración de cuestiones matemáticas. El marco cultural de la clase impone restricciones que condicionan el conocimiento que se elabora. Por ejemplo, las herramientas matemáticas de los alumnos hacen posible que se desarrollen algunas demostraciones pero no otras. Por otro lado, la referencia –inevitable– del docente hacia la comunidad matemática erudita juega un papel regulador en la constitución de ese marco cultural. Efectivamente, el docente, por ser representante del saber matemático tolerará –aunque sea provisoriamente– algunas producciones pero no lo hará con otras que pueden parecerle muy alejadas de aquello que quiere instituir. Estas regulaciones del docente que tienen como doble referencia la clase, por una parte, y la disciplina matemática en tanto conjunto organizado de saberes, por otra, se explican a través de la noción teórica de contrato didáctico.

Los dos tipos de interacciones básicos a los que nos hemos referido, sujeto/medio y alumno/docente, conforman en la Teoría de Situaciones un sistema, es decir que no pueden concebirse de manera independiente unas de las otras. Este sistema es la *situación didáctica*. Las relaciones entre los sub-sistemas resultan complejas y están sujetas permanentemente a re-elaboraciones teóricas. Profundizaremos a continuación la noción de *situación adidáctica*.

3. Acerca de la noción de *situación adidáctica*

Una situación adidáctica consiste en *una interacción* entre un sujeto y un *medio* a propósito de un conocimiento. *"Hemos llamado 'situación' al modelo de interacción de un sujeto con cierto medio que determina a un conocimiento dado como el recurso del que dispone el sujeto para alcanzar o conservar en este medio un estado favorable. Algunas de estas 'situaciones' requieren de la adquisición 'anterior' de todos los conocimientos y esquemas necesarios, pero hay otras que ofrecen una posibilidad al sujeto para construir por sí mismo un conocimiento nuevo en un proceso 'genético'. Notemos que la misma palabra 'situación' sirve, en su sentido ordinario, para describir tanto al conjunto (no necesariamente determinado) de condiciones que enmarcan una acción, como al modelo teórico y eventualmente formal que sirve para estudiarla"* (Brousseau, 1999).

Esta doble acepción de la palabra "situación" a la que se refiere Brousseau, ha llevado en algunos casos a identificar "situación" con "problema matemático". La confusión no resulta menor, justamente porque en el modelo de Brousseau no es solamente el problema el que *determina* la producción de conocimientos –interpretación que daría lugar a poner la teoría bajo sospecha de una suerte de empirismo– sino la *interacción* que puede entablarse entre el sujeto y un "medio resistente" (en el cual, sin duda, el problema es un núcleo principal).

Nos interesa resaltar la idea de que la situación constituye una interacción. ¿Por qué? La palabra "interacción" da cuenta de un *ida y vuelta* entre el sujeto y el *medio:* frente a un problema el sujeto elige una alternativa matemática entre varias posibles, la pone en juego y tiene la posibilidad de analizar los resultados de sus acciones reafirmando sus decisiones o rectificándolas. Al llevar a cabo este movimiento está produciendo conocimiento, ya sea que confirme que una cierta relación matemática se ajusta al problema que encara, ya sea que tome conciencia de que lo realizado no es pertinente. Esta producción modifica el *medio*: ya no sólo están en él el problema y los conocimientos iniciales que fueron puestos en juego sino también los nuevos que se produjeron en la interacción con el problema.

Pareciera que estuviéramos atribuyéndole cualidades humanas al medio, cuando decimos que ofrece respuestas a las acciones del sujeto –retroacciones–. En realidad es el sujeto quien se ubica en posición de interpretar los resultados de sus acciones buscando analizar si las decisiones tomadas se encaminan a su finalidad (la resolución del problema). Para que este juego de acciones y retroacciones a raíz de una problemática matemática sea posible se "piden" –en el mismo sentido en que se pide, por ejemplo, que una cierta función cumpla con una característica– dos condiciones indispensables: que el sujeto –el alumno convocado a aprender– se ubique en una posición de producción; y que el problema y el modo de plantearlo ofrezcan la posibilidad de que el sujeto valide sus acciones. Vemos entonces que los requerimientos del modelo *condicionan* tanto las características del *medio* como la *posición del sujeto* que interactúa con él. Esto trae aparejada la *obligación teórica* de precisar más detalladamente dichas condiciones para cada uno de los conocimientos matemáticos cuya enseñanza quiere pensarse bajo el filtro de este modelo.

El carácter de "adidáctico" remite a un tipo de vínculo con el *medio*, en el que el sujeto compromete esencialmente su sistema matemático de conocimientos. *"Entre el momento en que el alumno acepta el problema como suyo y aquél en el que produce su respuesta, el maestro rehusa intervenir proponiendo los conocimientos que quiere ver aparecer. El alumno sabe bien que el problema ha sido ele-*

gido para hacerle adquirir un conocimiento nuevo, pero debe saber también que este conocimiento está enteramente justificado por la lógica interna de la situación y que puede construirlo sin atender a razones didácticas" (Brousseau, 1986). Como lo han señalado muchos autores, por ejemplo Margolinas (1993), la noción de *adidáctico* –digamos de paso que ha sido objeto de interpretaciones muy diversas– se refiere al tipo de compromiso intelectual que el alumno tiene con el *medio* y no alude al "silencio" del maestro sino al hecho de que, para dar lugar a la producción de conocimientos, el docente no explicita cuáles son los conocimientos que el alumno debe movilizar.

De todos modos, contornear la idea de *adidacticidad* es todavía una obra en construcción. Digamos por el momento que lograr un compromiso intelectual del alumno con el *medio* es, en este modelo, responsabilidad del alumno y del docente. Cuando caractericemos el trabajo del docente, volveremos sobre la cuestión y daremos otra *vuelta de tuerca* a la noción de *adidacticidad*.

¿Quién es el sujeto de este modelo "situación"? Pensando en el tipo de interacción que se describe, aceptemos por el momento que el sujeto es un "sistema de conocimientos" (Perrin-Glorian, 1999), y veremos más adelante cómo se vincula tal sujeto con el alumno. Ante esta extraña caracterización del sujeto, cabe insistir en que estamos hablando de un modelo teórico. Todos sabemos que el alumno real y su sistema de conocimientos no se separan en la clase de matemática y que la cognición está atravesada por muchísimas cuestiones, entre las cuales las afectivas e institucionales tienen un gran peso. Simplemente, cuando en el marco del modelo se hace el estudio teórico para analizar un proceso genético de producción de conocimientos, se está poniendo en relación un cierto problema matemático con un conjunto de conocimientos con los cuales se contaría para interactuar con dicho problema. Recordemos una vez más que –por el momento– estamos poniendo la realidad a cierta distancia.

Dos condiciones son inherentes a la noción de situación adidáctica:

- el sujeto debe poder elegir entre varias estrategias, entendiendo que cuando elige una opción, rechaza en simultáneo otras alternativas;

- la situación tiene una finalidad [5] que puede identificarse independientemente del conocimiento a producir.

¿Por qué Brousseau "pide" estas condiciones para las situaciones adidácticas?

La idea de elección múltiple está sustentada en la "necesidad" de provocar un juego entre anticipaciones y decisiones, a partir del cual el sujeto va modificando sus esquemas y produciendo conocimiento.

La posibilidad de elegir –y esto también, desde nuestro punto de vista, ha sido objeto de malentendidos– se va construyendo en las sucesivas instancias de la situación. ¿Qué queremos decir? El modelo *situación adidáctica* está concebido sobre el supuesto de que los conocimientos que están en juego en dicha situación tienen una complejidad

---

[5] El término "finalidad" alude a la tarea que explícitamente se solicita a un alumno, que puede identificarse en términos de acción (obtener una medida, producir una construcción, encontrar el valor de una variable para que se cumpla una condición, etc.).

tal que requieren de tiempos de elaboración más o menos prolongados. Por eso, se piensa en una situación que se implementa varias veces cambiando en cada oportunidad algunas condiciones –por ejemplo, los números en juego, las herramientas que se permiten para abordarlo o las formulaciones que se proponen– sobre el supuesto de que dichos cambios van dando lugar a la producción de nuevas relaciones matemáticas por parte del sujeto. Más que pensar en un problema particular como núcleo del *medio*, se piensa en un tipo de problema con condiciones variables, cuyas particularidades se "fijan" cada vez.

Por ejemplo, pensemos en el problema *Reproducir un paralelogramo dado a partir de ciertos datos,* dirigido a alumnos que están estudiando las propiedades de los cuadriláteros. El problema puede ser pensado para tratar dos asuntos [6]: la identificación de los elementos que caracterizan el paralelogramo y el análisis de las condiciones de posibilidad de la construcción. Es claro que para que los alumnos puedan lograr una aproximación a los objetos matemáticos que están en juego, la situación deberá ser "jugada" una y otra vez. Para que las jugadas sean diferentes –de otro modo no se estarían produciendo nuevas relaciones– será necesario modificar en cada instancia o bien los datos con los que se trabaja, o bien las condiciones en que se hace la construcción: quién decide cuáles son los datos que se usan, qué instrumentos de geometría se permiten, o alguna otra *variable* que modifique la re-

---

[6] En realidad, el problema –un problema– puede ser siempre pensado para el tratamiento de diferentes asuntos. La intención didáctica no es "patrimonio" del problema sino de quien concibe un cierto escenario didáctico a partir del problema.

lación [7] del alumno con la situación. Al interactuar una y otra vez con el mismo tipo de problema, el alumno va modificando su sistema de decisiones –de conocimientos– gracias a las lecturas que hace de las retroacciones del *medio*. En este caso, esas lecturas le informan si obtuvo o no el paralelogramo buscado. Las nuevas relaciones que va incorporando amplían el espectro de posibles que el alumno puede concebir y dan lugar al rechazo consciente de las decisiones erróneas.

Señalemos además que, desde el punto de vista del investigador que diseña y estudia una situación didáctica, esta condición teórica que le exige identificar un conjunto de posibles para la situación, ofrece elementos para interpretar que, en la situación real, el alumno no es conducido *"como por un carril"* a la solución del problema. *"La situación debe conducir al alumno a hacer lo que se busca, pero al mismo tiempo no debe conducirlo"* (Brousseau, 1988 b). Si ello ocurriera –si el alumno fuera "llevado" a la solución del problema–, no estaría tomando decisiones, no estaría entonces produciendo conocimiento.

Concebir una *finalidad* para la situación ofrece un espacio para la validación. Efectivamente, la lectura de las retroacciones del medio en términos de "distancia" respecto de la finalidad buscada habilita al sujeto para conocer la pertinencia de sus decisiones, incorporando la aceptación o el rechazo de las mismas con la consiguiente evolución de los conocimientos. Señalemos, sin embargo, que esta lectura de las retroacciones no es mecánica sino que supone

---

[7] Las variables cuyo cambio exige que el alumno modifique las relaciones que pone en juego en su interacción con la situación, en la teoría, se llaman "variables didácticas".

una confrontación entre la anticipación y la constatación, que da lugar a un proceso de análisis de las relaciones puestas en juego y de búsqueda de elementos que ayuden a modificar las decisiones sancionadas como erróneas. En otros términos, las respuestas positivas o negativas del medio serán retroacciones solamente si son interpretadas por el sujeto en relación con los conocimientos que dieron lugar a las acciones.

En el ejemplo que proponíamos recién, la finalidad consiste en obtener un paralelogramo que cumpla con las condiciones del problema. Las relaciones que se ponen en juego para obtener la construcción constituyen el objeto matemático que está en juego en la situación.

Es claro que las dos condiciones a las que nos acabamos de referir –la necesidad de que el sujeto elija y la existencia de una finalidad que se pueda identificar de manera independiente del conocimiento matemático a producir– no "garantizan" que un alumno aprenda; ningún modelo teórico podría garantizar el trabajo personal que supone aprender. Para el investigador que diseña y estudia una situación didáctica, tener presente el modelo permitirá

• hacer un análisis que implique pensar qué motivación cognitiva conduce a producir tal o cual estrategia, como la solución del problema propuesto (Brousseau,1986);

• analizar por qué una solución al problema puede leerse en términos de un conjunto de conocimientos puestos en juego;

• explicar por qué la producción de un cierto conocimiento sería un medio más económico o más ajustado que otro para resolver un cierto problema;

identificar los elementos de una situación que devolverían al alumno información sobre los resultados de su producción y concebir a partir de los mismos cómo podrían evolucionar los conocimientos iniciales puestos en juego en la situación.

Todos estos análisis dan un conocimiento *a priori*[8] de la situación cuyo funcionamiento se quiere estudiar, que permite construir un conjunto de observables[9] que se tornarán esenciales para interpretar lo que suceda efectivamente en el aula. O sea, las situaciones que se diseñan no pueden determinar el proceso de aprendizaje, pero en el momento en que se elaboran resulta fértil pensarlas como si realmente lo determinaran, porque de esa manera se afinan al máximo los análisis que permiten anticipar las potencialidades de la situación.

3.1 Acerca del alcance de la noción de *situación fundamental*

Señalábamos en la introducción que Brousseau postula que *para todo conocimiento* existe una situación fundamental que de alguna manera representa la problemática que permite la emergencia de dicho conocimiento. Esto significa que el conocimiento en cuestión aparece como la estrategia óptima para resolver el problema involucrado. *"Cada cono-*

---

[8] *A priori* significa "independiente de la experiencia".
[9] Jean Piaget (1978) plantea que *el observable* es aquello que el sujeto cree comprobar en el objeto y no simplemente aquello que es comprobable. Esto equivale a decir que una comprobación nunca es independiente de los instrumentos de registro de los que dispone el sujeto.

cimiento puede caracterizarse por una o más situaciones adidácticas que preservan su sentido y que llamaremos 'situaciones fundamentales'" (Brousseau, 1986).

Quisiéramos detenernos en tres cuestiones:

a) el hecho de que Brousseau plantee la existencia de una situación fundamental como axioma, (Brousseau, 1988 a);

b) la cuantificación que hace de su axioma (*para todo conocimiento*);

c) la noción de *estrategia óptima*.

a) Pensamos que la utilización de la palabra "axioma", que Brousseau toma prestada de la matemática, de alguna manera "protege" al enunciado tanto de sus posibles detractores, que afirmarían "que no es verdadero", como de sus adherentes ciegos, que dándolo por verdadero no podrían plantearse la pregunta acerca de su dominio de validez. Al proponerlo como axioma, ya no tendría sentido estar o no estar de acuerdo con el enunciado, sino que se trataría de trabajar en una teoría que lo considera una condición de partida. Eventualmente, el trabajo teórico daría cuenta del dominio de validez de este "axioma", o sea, del conjunto de conocimientos para los cuales existe una situación fundamental; en otros términos, el axioma estaría definiendo cuáles son los conocimientos de los que se "ocupa" la teoría: aquellos para los cuales existe una situación fundamental. [10] Es claro para nosotros que la Didáctica

---

[10] Punto discutido con Carmen Sessa en conversaciones telefónicas y tempraneras.

de la Matemática no está "sometida" a las mismas reglas metodológicas que la Matemática, razón por la cual, lo que estamos diciendo tiene un sentido metafórico y no estricto.

b) Aunque Brousseau utiliza un cuantificador universal (*para todo conocimiento*), él mismo advierte que no cualquier situación adidáctica característica de un conocimiento puede ser objeto de trabajo de un alumno: *"Pero el alumno no puede resolver de golpe cualquier situación adidáctica, el maestro le procura entre las situaciones adidácticas, aquellas que están a su alcance. Éstas, ajustadas a fines didácticos, determinan el conocimiento enseñado en un momento dado y el sentido particular que este conocimiento va a tomar, debido a las restricciones y deformaciones aportadas a la situación fundamental"* (1986). A propósito de esta cuestión, M.J. Perrin (1999) señala: *"la identificación abusiva entre situación adidáctica representativa de un saber y situación adidáctica que permite un primer encuentro con ese saber, en una institución dada, me parece una causa de malentendidos en el interior de la comunidad de investigadores en didáctica de la matemática, inclusive en Francia, y una dificultad en la articulación de los diversos marcos teóricos"*.

Pensamos que estas consideraciones abren espacio para pensar que, sin entrar en contradicción con la Teoría de Situaciones, para algunos conocimientos no sería productivo concebir su entrada a la enseñanza a través del canal de situaciones adidácticas. En otros términos, los conocimientos que los alumnos deben elaborar para entrar en un trabajo matemático exceden aquellos cuya construcción es interesante modelizar usando los elementos de la Teoría de Situaciones. Aline Robert (1998) establece relaciones entre el tipo de conocimiento al que se apunta y el tipo de escenario didáctico "adaptado" a esos conocimientos. Esta investigadora plantea que es difícil "inicializar" una secuencia a través de un "buen" problema que lleve a los alumnos "cerca" [11] de los conocimientos a los que se apunta, cuando existe una gran distancia entre lo viejo y lo nuevo. Más específicamente, ella señala esta dificultad para introducir nociones generalizadoras, unificadoras y formalizadoras.

c) Quisiéramos señalar finalmente que, apoyados en la idea de que la situación constituye una interacción, concebimos que la noción de *estrategia óptima* es relativa a un sistema de conocimientos (un sujeto) y no puede ser considerada independientemente del mismo. Sin embargo, pensamos que en algunos textos se la considera como inherente al problema, olvidando justamente el hecho de que la situación constituye una interacción. La perspectiva que estamos planteando abre la posibilidad de concebir en el marco de esta Teoría que, para un mismo problema, pueden considerarse diferentes situaciones que dependen del sistema de conocimientos que entra en interacción con él. [12]

Hemos analizado el modelo "situación adidáctica", que describe las interacciones entre un sujeto y un medio que dan lugar a un proceso de producción de conocimientos matemáticos por parte del sujeto. ¿Cómo se vincula esa producción con aquello que la escuela señala como saberes

---

[11] La autora utiliza comillas para estos términos en el original.
[12] La idea de considerar que diferentes conocimientos de los alumnos determinan situaciones diferentes fue planteada por Marie-Jeanne Perrin Glorian (1999).

a ser enseñados? Nos ocuparemos a continuación de la relación entre conocimiento y saber, para plantear luego la cuestión de la transformación de los conocimientos en saberes, trabajo que desde la Teoría de Situaciones se "controla" a través de la interacción entre alumno y docente, en la relación didáctica que ambos sostienen.

4. Acerca de la relación entre conocimiento y saber

Brousseau marca una relación –pero también una distancia– entre el conocimiento que resulta de la interacción con un medio resistente y el saber matemático: *"los conocimientos constituyen los medios transmisibles (por imitación, iniciación, comunicación, etc.), pero no necesariamente explicitables, de controlar una situación y de obtener de ella un cierto resultado conforme a una expectativa y a una exigencia social. El saber es el producto cultural de una institución que tiene por objetivo identificar, analizar y organizar los conocimientos a fin de facilitar su comunicación"* (Brousseau y Centeno, 1991, citado por Bloch, 1999).

Parece quedar claro en esta cita que el sujeto en interacción con un medio resistente obtiene conocimientos que le permiten controlar la situación y que tienen una referencia en el saber matemático. Sin embargo, en la medida en que estos conocimientos se producen en un contexto particular y están dirigidos a cumplir una finalidad, no es reconocible de manera inmediata su pertenencia al discurso de la disciplina. La posibilidad de hablar de ellos sin referirse al contexto en el que se producen, de reconocer otras posibles utilizaciones, de establecer el ámbito de validez, de realizar conexiones con otros conocimientos próximos, con los que

Reflexiones teóricas para la Educación Matemática

podrían formar un sistema organizado, son asuntos que no emergen de manera automática como producto de la interacción con una situación específica sino que requieren un trabajo de reflexión sobre las situaciones –sobre las acciones realizadas a propósito de las mismas–. Según G. Lemoyne (1997), este trabajo de conversión de conocimientos en saberes se controla desde la Teoría de Situaciones a través de procesos colectivos de debates gestionados por el docente, pero que suponen siempre reconstrucciones personales de cada uno de los alumnos.

Pensamos que la diferenciación entre conocimiento y saber es uno de los elementos constitutivos del proyecto de la didáctica como disciplina autónoma de la psicología cognitiva y se remonta en Guy Brousseau a momentos anteriores a la formulación de la Teoría de Situaciones, cuando él mismo era todavía alumno de psicología cognitiva:

"En los años 60, cuando todavía era estudiante de matemáticas, y al mismo tiempo alumno de Pierre Gréco en Psicología cognitiva, me impresionó su habilidad para concebir dispositivos experimentales destinados a poner en evidencia la originalidad del pensamiento matemático de los niños en las etapas de su desarrollo. Sin embargo, me daba cuenta de que no se hacía ningún esfuerzo por analizar los dispositivos mismos y por hacer explícita la relación entre éstos y la noción matemática cuya adquisición era estudiada. Asimismo, cuando Piaget utilizaba los axiomas de Peano para identificar EL desarrollo de EL conocimiento de EL número en EL niño, estos singulares me parecían apuestas interesantes pero arriesgadas, más que evidencias. Yo podía producir 'definiciones' de números naturales, matemáticamente equivalentes a los axiomas de Peano, pero de complejidades cognitivas muy diversas. La

equivalencia matemática no tiene como consecuencia la equivalencia cognitiva. Igualmente, bastaba con variar un poco los números propuestos para ver que el conocimiento de EL número era de hecho el conocimiento de algunos números. ¿Qué es lo que nos permitiría declarar que es exactamente este conocimiento matemático el que el sujeto conoce y no otro más general o más particular? Estas observaciones no eran objeciones a los trabajos de Piaget, sino al uso muy preciso que se quería hacer de los estudios piagetianos para hablar de las adquisiciones de un alumno particular en una situación particular y para inferir prescripciones didácticas"[13] (1999).

Aunque el texto citado no hace referencia explícita a la diferencia entre conocimiento y saber –no con esas palabras al menos–, interpretamos que sí se refiere a la misma al señalar por un lado la distinción entre equivalencia matemática y equivalencia cognitiva, y por otro lado al poner el acento en la necesidad de considerar la relación entre el contexto (los dispositivos, para el caso aludido) y la noción matemática que se estudiaba. Justamente esta relación, entre las situaciones y los significados matemáticos, constituye un objeto central de la Teoría de Brousseau.

Estudiar a partir del análisis de un saber condiciones sobre las situaciones que den lugar a la elaboración de conocimientos referidos a dicho saber y plantear la cuestión de la transformación de dichos conocimientos en saberes constituyen dos "asuntos" del modelo teórico de Brousseau. Estas

---

[13] En Piaget (1975), se establece un cierto paralelismo entre la construcción axiomática del número natural (considerando los axiomas de Peano) y la construcción genética, paralelismo que no implica ni identificación ni divergencia. El problema de la transformación de unas construcciones en otras no está planteado en este texto.

cuestiones son sintetizadas en la siguiente afirmación (1999): *"la enseñanza se convierte en una actividad que no puede más que conciliar dos procesos, uno de aculturación y el otro de adaptación independiente".* La enseñanza en tanto proceso de aculturación plantea la necesidad de conceptualizar teóricamente las interacciones entre el docente, representante del saber cultural, y los alumnos, que constituyen con el docente un espacio social de producción de conocimientos. Como hemos señalado en la introducción, Brousseau modeliza estas interacciones a través de la noción de contrato didáctico, que desarrollaremos a continuación.

5. La noción de *contrato didáctico*

La noción de contrato didáctico incorpora al análisis de los fenómenos relativos a la enseñanza y al aprendizaje de la matemática un aspecto esencial: la intención de que el alumno aprenda un saber cultural, intención que tiene el docente y que –como veremos– necesariamente el alumno debe compartir. (Chavallard, Y., 1991, "¿Qué es lo didáctico? Es consustancial a la existencia de una intención", citado por Sensevy, 1998.)

Es en la relación que sostienen el docente y el (los) alumno(s) *a propósito de la situación adidáctica*, o más en general, *a raíz de cierto objeto matemático* –ésta es la relación didáctica– que el docente va comunicando, a veces explícitamente, y muchas otras de manera implícita, a través de palabras y también de gestos, actitudes y silencios, aspectos vinculados al funcionamiento del asunto matemático que se está tratando en la clase. Este juego sutil, muchas veces difícil de atrapar, en el que a raíz del trabajo en clase con respecto a cierto objeto matemático se negocian significados, se transmiten expectativas mutuas, se sugieren o se infieren modos de hacer, se comunican o se interpretan (explícita o implícitamente) normas matemáticas, este juego es el contrato didáctico [14].

¿Por qué el término "contrato"? Las interacciones entre docente y alumno en la clase están muy marcadas por lo que cada uno de los actores espera del otro a propósito de un cierto conocimiento. Efectivamente, las prácticas cotidianas del aula llevan a los alumnos a hacerse una representación interna acerca de aquello que está permitido y aquello que no es posible, con relación a cierta cuestión matemática. De esta manera, los alumnos elaboran un conjunto de normas que monitorean su accionar, en el sentido de que habilitan ciertas posibilidades e inhiben otras.

Por ejemplo, en un estudio en el que implementamos una secuencia didáctica sobre división entera con alumnos de séptimo grado de la Ciudad de Buenos Aires que nunca habían enfrentado problemas que relacionaran dos variables con un grado de libertad entre ellas, muchos alumnos no se atrevían a atribuir ellos algún valor a una de las variables para comenzar a operar a partir de ese valor, porque pensaban que eso era obtener un número al azar, lo cual "no está permitido en matemática". Esto, a su vez, condicionaba el tipo de relaciones que podían establecer a raíz

---

[14] Circula en muchos medios una idea de contrato didáctico que hace referencia a la relación del docente con el alumno pero que no la vincula necesariamente a un objeto matemático. En la Teoría de Situaciones Didácticas, la noción se refiere siempre a un conocimiento matemático. Desde nuestro punto de vista, ahí radica la riqueza del concepto, porque da cuenta de un aspecto que interviene en la elaboración de conocimientos matemáticos.

del problema. Más concretamente, uno de los problemas planteados fue:
Proponé una cuenta de dividir en la que el divisor sea 32 y el resto 27. ¿Cuántas soluciones hay? Si pensás que hay menos de tres, escribilas todas y explicá por qué no hay más. Si pensás que hay más de tres soluciones, proponé al menos cuatro y explicá cómo pueden obtenerse otras soluciones.

Dos alumnas que trabajan juntas "obtienen" el cociente a través de operar con los datos de la siguiente manera: 32 x 27 – 27 = 837. Luego, hacen 837 x 32 + 27 = 26 811. Finalmente, la cuenta que proponen es

26 811 | 32
27   837

Ellas explicitan que se trata de la única solución. El procedimiento que ponen en juego evidencia que conocen que el dividendo *debe ser* igual al cociente por el divisor más el resto, pero ésa es una relación que aplican a números dados y no a números variables que se podrían atribuir de manera arbitraria. Las alumnas parecen *creer* que el cociente depende necesariamente de los datos dados, y esa creencia –que funciona como un conocimiento– bloquea la posibilidad de que conciban que el problema planteado tiene infinitas soluciones. ¿Quién les ha enseñado que no se pueden atribuir valores al cociente para obtener el dividendo a través de la fórmula *cociente x divisor + resto = dividendo?* Evidentemente nadie. Es ésta la primera vez que están tratando la división como "objeto", y es la situación la que las lleva a poner en acto un conocimiento implícito elaborado a partir de las prácticas aritméticas: los números con los que se opera o bien son datos del problema o bien se obtienen operando con los datos. Cuando las alumnas ponen de manifiesto su supuesto, el docente toma conciencia de que hay ahí una cuestión matemática a dirimir: es legítimo atribuir valores al cociente y aplicar la fórmula con los datos y los valores que se van asignando.

Más en general, el docente tiende a suponer que controla las elaboraciones del alumno a través de lo que se va haciendo explícito en la clase. En el momento en que el estudiante pone en juego una conducta inesperada por él, el profesor toma conciencia de que muchas de las construcciones del alumno escapan completamente a su control.

El contrato didáctico que subyace al funcionamiento de los objetos matemáticos está regido por reglas de naturaleza muy diferente que se refieren tanto a los conceptos (*las funciones siempre se definen a través de fórmulas, las relaciones crecientes son de proporcionalidad directa, una ecuación tiene solución única, etc.*) como a las normas que comandan los modos de abordar los problemas (*no se puede atribuir valores a las variables de manera arbitraria, dos procedimientos equivalentes para un problema no necesariamente dan las mismas soluciones, los problemas siempre tienen solución, etc.*). El alumno justifica algunas de estas reglas usando conocimiento matemático y otras no las justifica –no tienen para él explicación, son inevitables– pero las acepta y las pone en juego sin mayores cuestionamientos. Todas juntas constituyen para él el paisaje matemático con relación a un concepto (o a un campo de conceptos cercanos) que es capaz de visualizar.

Cuando uno de los dos actores de la relación didáctica (docente o alumno) hace algo con respecto al conocimiento que resulta inesperado para el otro, se produce una ruptura, y todo ocurre como si hubiera habido un contrato que regulara las conductas permitidas: *"... las cláusulas de ruptura y de realización del contrato no pueden ser descritas con anterioridad. El conocimiento será justamente lo que resolverá la crisis nacida de estas rupturas que no pueden estar predefinidas. Sin embargo, en el momento de estas rupturas, todo pasa como si un contrato implícito uniera al profesor y al alumno: sorpresa del alumno, que no sabe resolver el problema y que se rebela porque el profesor no lo ayuda a ser capaz de resolverlo, sorpresa del profesor, que estima sus prestaciones razonablemente suficientes... rebelión, negociación, búsqueda de un nuevo contrato que dependa del "nuevo" estado de los saberes... adquiridos y apuntados"* (Brousseau, 1986).

En tanto la noción de contrato didáctico constituye la herramienta teórica que modela las interacciones entre el docente y el alumno, para avanzar en la comprensión de dicha herramienta debemos detenernos en la conceptualización que se hace en la Teoría de Situaciones respecto del papel del docente en función de las diferentes intencionalidades didácticas.

5.1 La conceptualización de la acción docente: devolución e institucionalización

Como venimos diciendo, el modelo "situación adidáctica" da cuenta de la interacción autónoma por parte del alumno con un determinado medio resistente, cuyo núcleo es un problema matemático. Recordemos que Brousseau señala la necesidad de adaptarse a un medio como condición de aprendizaje; a partir de esto define como uno de los roles del docente el de *devolver* al alumno la responsabilidad de hacerse cargo del problema que se le propone, olvidando –o, por lo menos, no poniendo en primer plano– la intencionalidad didáctica del mismo (1988 b): *"El trabajo del docente consiste, pues, en proponer al alumno una situación de aprendizaje para que produzca sus conocimientos como respuesta personal a una pregunta y los haga funcionar o los modifique como respuesta a las exigencias del medio y no a un deseo del maestro. Hay una gran diferencia entre adaptarse a un problema que plantea el medio, insoslayable, y adaptarse al deseo del docente. La significación del conocimiento es completamente diferente. Una situación de aprendizaje constituye una situación donde lo que se hace tiene un carácter de necesidad en relación con obligaciones que no son arbitrarias ni didácticas (...) No basta 'comunicar' un problema a un alumno para que ese problema se convierta en su problema y se sienta el único responsable de resolverlo. Tampoco basta que el alumno acepte esa responsabilidad para que el problema que resuelva sea un problema 'universal', libre de presupuestos didácticos. Denominamos 'devolución' a la actividad mediante la cual el docente intenta alcanzar ambos resultados".*

Por otro lado, Brousseau atribuye al docente un papel esencial en el proceso de transformación de los conocimientos en saberes: *"Fue así como 'descubrimos' (¡!) lo que hacen todos los docentes en sus clases pero que nuestro esfuerzo de sistematización había hecho inconfesable: deben tomar nota de lo que han hecho los alumnos, describir lo que ha sucedido y lo que tiene una relación con el conocimiento al que se apunta, dar un estatuto a los acon-*

tecimientos de la clase, como resultado de los alumnos y como resultado del docente, asumir un objeto de enseñanza, identificarlo, relacionar esas producciones con los conocimientos de los otros (culturales o del programa), indicar que ellos pueden ser reutilizados (...) La consideración 'oficial' del objeto de enseñanza por parte del alumno y del aprendizaje del alumno por parte del maestro es un fenómeno social muy importante y una fase esencial del proceso didáctico: ese doble reconocimiento constituye el objeto de la INSTITUCIONALIZACIÓN" (1988 b).

Pensamos que, a través de las nociones de "devolución" e "institucionalización", Brousseau define lo esencial del trabajo del docente. Ahora bien, aparece nuevamente a propósito de estas cuestiones el problema de la relación entre la teoría y la realidad. Efectivamente, los textos de Brousseau señalan, desde nuestro punto de vista, marcas teóricas que definen funciones del docente, pero no nos dicen —no pretenden decirnos, creemos— cuáles son los gestos efectivos del docente que "harían" que el alumno asumiera la responsabilidad matemática del problema que se le plantea ni a través de qué tipo de discurso el docente "lograría" que el alumno articulara su producción con el saber cultural. Una primera lectura de los textos que hemos citado nos llevó, hace ya bastante tiempo, a una interpretación que hoy es para nosotros completamente esquemática y poco interesante para comprender los hechos de las clases: existirían algunos actos puntuales por los cuales el docente devolvería al alumno el problema, el alumno lo resolvería y el docente institucionalizaría los conocimientos producidos en la situación adidáctica. Sin embargo, esta manera de concebir las cosas no nos satisfacía, pues entendíamos que ningún acto del docente puede garantizar que el alumno se haga cargo del problema en el sentido en que lo plantea Brousseau, aunque sí pueden generarse mejores o peores condiciones para que ello ocurra.

5.1.1 Devolución e institucionalización concebidos como procesos

Dos trabajos que avanzan en la conceptualización del rol del docente y en el análisis de los conceptos de devolución e institucionalización fueron para nosotros importantes para revisar esa primera lectura que recién mencionábamos. Tanto Marie-Jeanne Perrin Glorian (1993) como Claire Margolinas (1993) conciben la devolución como un proceso de negociación con el alumno, que se sostiene durante todo el transcurso de la situación adidáctica. En realidad, Perrin Glorian va un poco más allá y sostiene la posibilidad de una devolución *a posteriori* a través de un retorno reflexivo sobre las acciones desplegadas a raíz de los problemas propuestos para configurar la situación adidáctica, para aquellos alumnos que han funcionado de manera no científica frente a dichos problemas.

Por otro lado, podría ocurrir que los alumnos dispusieran de ciertos conocimientos necesarios para la situación, pero que no los activaran en el momento en el que interactúan con la misma. El docente debería intervenir en ese caso para activar dichos conocimientos, y estas intervenciones, en la medida en que intentan sostener al alumno en la situación, entran también en el marco de la devolución (Perrin, 1999).

Perrin Glorian (1993) plantea que, para que la devolución sea posible y para que el alumno pueda articular los conocimientos producidos en la situación adidáctica con la institucionalización que realiza el docente, es necesario que el alumno tenga un proyecto de aprendizaje que le permita iniciar desde el vamos un proceso de descontextualización de los conocimientos que va a producir. La elaboración de este proyecto es una construcción del alumno con la que el docente colabora, lo cual lleva a pensar en la institucionalización y en la devolución como procesos imbricados e incluso contemporáneos. En este artículo, M.J. Perrin Glorian (1993) propone: *"la institucionalización de los conocimientos comienza para nosotros en el momento mismo de la devolución porque ya ahí es necesario que el maestro dé al alumno, si no lo tiene, el proyecto de adquirir esos conocimientos; en ese sentido, los procesos de devolución y de institucionalización se imbrican y son, en cierta medida, contemporáneos"*.

Profundicemos la idea de *proyecto del alumno*. No se trata solamente del deseo del alumno de aprender, aunque éste sea imprescindible. Un proyecto de aprendizaje supone un futuro que se inscribe en el pasado y el presente escolar. El proyecto del alumno de aprender al interactuar con una situación particular toma necesariamente en cuenta la representación que él tiene hasta el momento del saber cultural que estructura los objetos matemáticos con los que está tratando. Esa representación, a su vez, se nutre de aquello que el alumno ha ido organizando y estructurando como producto de su práctica escolar. Esa imagen cultural que el alumno elaboró, que incluye las expectativas que el sujeto piensa que se tienen depositadas en él respecto del conocimiento en cuestión (*¿qué quieren que aprenda con esto?, ¿qué tiene que ver esto con los problemas que hicimos antes?*, etc.), interviene y condiciona su producción.

5.1.2 La comunicación de normas de trabajo matemático como parte de la devolución

Lograr que los alumnos asuman la responsabilidad matemática de los problemas –esto es, la devolución– es también lograr que acepten una serie de normas matemáticas de trabajo, que los alumnos van aprendiendo en un período largo que excede en mucho el tiempo con el que trabajan sobre un concepto específico, y que el docente debe actualizar a raíz de una tarea particular. Por ejemplo, cuando el docente identifica que dos alumnos tienen puntos de vista contradictorios y les señala que deben ponerse de acuerdo, está comunicando implícitamente que *"no se pueden plantear afirmaciones contradictorias"*, cuando demanda explicaciones está diciendo que *"es necesario argumentar a favor de lo que se propone"*, etc. La devolución exige entonces que el docente garantice también ciertas condiciones sobre el plano de las normas matemáticas, necesarias para el trabajo de los alumnos en el problema. Estas condiciones no podrían, en general, establecerse *a priori*: por un lado, es en el momento de la acción en que se pone de manifiesto que el alumno no dispone de una cierta regla que necesitaría y, por otro, las reglas necesarias para abordar una tarea dependen del tipo de enfoque que hacen los alumnos y del tipo de interacciones que se producen entre ellos.

El problema de la elaboración de las normas está atravesado por las interacciones que se generan en la clase orientadas y conducidas por el docente. Dado que se trata de una cuestión que no sólo está ligada a la problemática de la devolución, la retomaremos al sintetizar nuestra perspectiva sobre la noción de contrato didáctico y mencionaremos otros aportes que, fuera del marco de la Teoría de Situaciones, proponen ideas que alimentan la discusión sobre este punto.

5.2 Las elaboraciones del alumno: entre las resistencias del medio y el deseo del docente

Quisiéramos retomar la oposición que hace Brousseau entre adaptarse al medio y adaptarse al deseo del maestro. Pensamos que la misma podría dar lugar a una visión según la cual se considerara como un conocimiento degradado aquello que el alumno elabora al tratar de interpretar los gestos del docente en términos de *"lo que se puede o no se puede", "lo que es o lo que no es"*, con relación a cierta cuestión matemática. Como si la interacción adidáctica garantizara una construcción genuinamente matemática y aquello que el alumno aprende interpretando lo que el maestro espera de él tuviera un estatuto menor. En realidad, en el modelo de Brousseau, la interacción adidáctica ofrece formas de validación de la producción matemática a través de las propiedades matemáticas del *medio*, validación que es mucho más brumosa cuando el alumno accede a algún aspecto del conocimiento a través de la interpretación que hace de la intención del docente. (De hecho, el alumno establece muchas veces reglas falsas como producto de esas interpretaciones.)

Sin embargo, no compartimos ese modo de ver las cosas que divide aguas atribuyendo "lo genuinamente matemático" a lo adidáctico y lo "externo al saber" a lo que es de naturaleza didáctica. En primer lugar, como expresa Brousseau, porque el alumno no podría aprender si no se jugara la intencionalidad del docente en la relación didáctica. Por otro lado, los conocimientos que el alumno necesita sobrepasan completamente lo que pudo haber construido como producto de sus interacciones adidácticas. Sin esa relación contractual que lo une al docente a propósito de los objetos matemáticos, la escena didáctica –que eventualmente pusiera en funcionamiento una interacción adidáctica– ni siquiera podría arrancar.

5.2.2 Las retroacciones de los pares y la producción de conocimiento

Hemos descrito el proceso de producción en clase en términos de interacciones del alumno con un *medio* y con el docente. Aunque las interacciones entre los pares están presentes en casi todos los análisis de los trabajos experimentales realizados en el marco de la Teoría, no se encuentran, desde nuestro punto de vista, suficientemente conceptualizados.

Tanto cuando los alumnos colaboran entre sí para resolver un problema como cuando comparten estrategias de los problemas ya resueltos, los modos de abordar de unos pueden modificar el sistema de decisiones de los otros.

¿Cómo se consideran las intervenciones de un alumno que cuestiona o contradice la producción de un compañero que participa junto con él en la obtención de la misma finalidad? El planteo de un alumno hacia la producción de otro no tiene en principio la atribución de autoridad que tiene el docente, ni tampoco la certeza de una respuesta matemática (en el sentido en que antes definimos las respuestas matemáticas del *medio*). Por ese motivo, quien debe interpretar o considerar los planteos de los pares lo hace con un nivel de incertidumbre tal que puede requerir la movilización de relaciones nuevas ya sea para modificar las decisiones tomadas previamente, ya sea para producir argumentos que refuten la objeción.

Al analizar los registros de clases en las que hemos trabajado, aparece un abanico muy amplio de interacciones entre los alumnos, que en general tienden a la colaboración mutua, pero con estrategias muy diversas. En algunos casos, frente al bloqueo de un compañero, quien ya ha elaborado cierta aproximación a un problema puede ayudar a que se termine de comprender cuál es la tarea (el alumno que ha comprendido estaría colaborando en el proceso de devolución del otro), puede dar la solución sin explicar las razones (estaría ayudando a su compañero a "tener éxito" tal vez resignando la comprensión) o puede apuntar a que el compañero comprenda de una manera más profunda. En las situaciones en las que no hay bloqueo, puede suceder que existan estrategias diferentes que responden a distintos implícitos, que haya posiciones contradictorias, que haya abordajes equivalentes, que haya construcción cooperativa. También puede ocurrir que un alumno responda a un criterio de autoridad de un compañero o que desestime su contribución por la posición social que éste tiene en la clase.

Por otro lado, en algunos casos la naturaleza del problema que se resuelve hace necesaria la interacción con "los otros".

Consideremos un ejemplo que hemos analizado en el marco de una investigación en la que estudiamos el tipo de conocimientos relativos a la transición aritmética-álgebra que producen los alumnos cuando son confrontados con problemas aritméticos que relacionan dos variables con un grado de libertad entre ellas. En tanto se hace necesario no sólo hallar soluciones sino asegurar que se han encontrado todas, los alumnos deben elaborar criterios para validar que el procedimiento utilizado fue exhaustivo. Esta validación no puede emerger solamente de la interacción con los problemas: los estudiantes pueden chequear cada solución encontrada confrontándola con las condiciones del enunciado del problema pero no tendrían en principio elementos para asegurar que no hay otras soluciones, además de las que ellos han obtenido. La confrontación entre las diferentes producciones de la clase funcionó acá como una primera retroacción al punto de vista de cada alumno y, a la vez, dio sentido a la búsqueda de criterios para establecer cómo se sabe cuántas soluciones hay. Vemos que la emergencia de estos conocimientos tiene una dimensión social ineludible.

Notemos que nos estamos refiriendo a la interacción entre pares posterior a una primera interacción de cada alumno con el problema. Es decir, se trata de la interacción con las relaciones ya establecidas por otro a raíz del problema que se ha resuelto.

Agreguemos aun otra cuestión: esa interacción entre soluciones diferentes puede ser fuente de nuevos problemas, algunos de los cuales sólo podrán ser planteados por el docente, que es el único que los reconoce como tales. Por ejemplo, hemos encontrado que los alumnos pueden pensar que dos procedimientos de un mismo problema son correctos pero que no "producen" las mismas soluciones. En tanto esto no es fuente de conflicto para los alumnos, sólo el docente podrá problematizar esta cuestión, pero podrá hacerlo una vez que hayan emergido las diferencias como producto de la interacción mencionada. En otros términos, la norma según la cual dos procedimientos son equivalentes si y sólo si llevan al mismo conjunto solución "necesita" tanto de la interacción entre pares (para que emerja la cuestión) como de la intervención del docente (para que la plantee como problema a discutir).

5.3 La noción de contrato didáctico y la construcción de normas

Así como los procesos de producción científica están marcados por lo que J. Piaget y R. García denominan marco epistémico (Piaget y García, 1982; García, 2000; Castorina, 2000), los procesos de producción de conocimientos en el aula están también atravesados por un sistema de normas y creencias que de alguna manera orientan el tipo de exploración, abordaje, búsqueda y validación que los alumnos están dispuestos a poner en juego. Utilizaremos las nociones de marco epistémico y de sistema cultural (Wilder, 1981, citado por Sierpinska, 1989) como referencias que, si bien dan cuenta de fenómenos que ocurren en el ámbito de la producción científica y a una dimensión mucho mayor que la de un aula, nos resultan útiles para explicar nuestra interpretación del proceso de construcción de normas en la clase. Consideraremos también los trabajos de E. Yackel y P. Cobb (1996) sobre la construcción de normas sociomatemáticas y vincularemos esta producción con la noción de contrato didáctico.

Según R. García (2000): *"el marco epistémico representa un sistema de pensamiento, rara vez explicitado, que permea las concepciones de la época en una cultura dada y condiciona el tipo de teorizaciones que van surgiendo en diversos campos de conocimiento".*

En Piaget y García (1982) se propone: *"En la interacción dialéctica entre el sujeto y el objeto, este último se presenta inmerso en un sistema de relaciones con características muy diversas. Por una parte, la relación sujeto-objeto puede estar mediatizada por las interpretaciones que provienen del contexto social en el que se mueve el sujeto (relaciones con otros sujetos, lecturas, etc.). Por otra parte, los objetos funcionan ya de cierta manera –socialmente establecida– en relación con otros objetos o con otros sujetos. En el proceso de interacción, ni el sujeto ni el objeto son, por consiguiente, neutros. Y éste es el punto exacto de intersección entre conocimiento e ideología".*

Estas citas dan cuenta de la posición de los autores, según la cual el proceso de producción de conocimientos se despliega en un marco social en el que intervienen aspectos ideológicos (concepciones del mundo, valores, creencias, etc.) que condicionan el proceso de producción y atraviesan los instrumentos de conocimiento del sujeto.

Si bien la noción de *marco epistémico* se refiere a las concepciones que condicionan la producción científica de toda una época y trasciende el ámbito de una disciplina específica, podemos pensar que, en una escala social mucho menor como la que constituye el caso de una clase, las elaboraciones que hacen los alumnos como producto de sus prácticas, respecto del modo de abordar cuestiones matemáticas, van constituyendo "un modo natural de trabajo" compartido, por un lado, y generalmente implícito, por otro, que condiciona sus producciones aunque no llegue a determinar el contenido de las mismas. En este sentido, pensamos que algunas de esas elaboraciones podrían considerarse como formando parte del marco epistémico del alumno.

Hay en este punto un "parentesco" con la noción de contrato didáctico, aunque este último abarca cuestiones que no son solamente del orden de lo normativo o de lo ideológico. Como señala Schubauer-Leoni (1988), citada por Sensevy (1998): *"En tanto generador de sentido y de prácticas, el contrato didáctico toma lugar en el interior de los individuos que están bajo su régimen y puede extender su legislación más allá de la institución que lo crea. Esto quiere decir que interviene como elemento constitutivo del pensamiento de los individuos que interpretan sus leyes y que transportan con ellos, en otras circunstancias, las construcciones operadas en su seno, los dispositivos estructurantes que el contrato comporta".*

Es claro que no todas las reglas que construyen los alumnos en la práctica de las aulas tienen la misma fuerza epistémica. Diferenciar matices para los distintos tipos de elaboraciones con respecto a esta cuestión es un proceso harto complejo que requeriría indagaciones que exceden los análisis que pueden hacerse, por ejemplo, a partir del registro de una clase. Al llevar a cabo esta reflexión, estamos queriendo resaltar dos cuestiones: 1) la diferenciación entre "alumno" y "sujeto epistémico" es para nosotros teóricamente interesante, porque advierte sobre el peligro de cargar en la cuenta del sistema de conocimientos del alumno cuestiones que este último pone en juego cuando trata de interpretar lo que se espera de él en tanto alumno de la clase, pero acerca de las cuales no tiene necesariamente una convicción profunda; 2) tanto para el investigador como para el docente, es difícil juzgar la diferencia teórica entre "alumno" y "sujeto epistémico" en el proceso de interpretación de las producciones de los estudiantes.

En un trabajo sobre la utilización de la noción de *obstáculo epistemológico* en didáctica de la matemática, A. Sierpinska (1989) cita a Wilder, quien concibe la matemática como un sistema cultural que evoluciona. Este autor define un sistema cultural como compuesto por: 1) una estructura de convicciones, creencias, actitudes, valores, normas, ritos; 2) reglas y esquemas inconscientes de pensamiento y de comportamientos, de manera de comunicarse con los otros; 3) conocimientos explícitos, lógicamente justificados, necesarios. Los elementos del nivel 1 se trasmiten a los jóvenes en un proceso de comunicación que no incluye explicaciones ni justificaciones. Contiene actitudes filosóficas hacia la matemática, por ejemplo la concepción de la matemática como abstracción de la realidad. Contiene también ideas sobre los métodos que son aceptables y sobre la evolución de la disciplina. Los elementos del nivel 2 son en general inconscientes: nos damos cuenta de la existencia de reglas de pensamiento recién cuando dejamos de respetarlas. El nivel 2 se aprende por imitación y práctica. A menudo, ni el que ofrece un modelo de trabajo ni quien lo imita saben que este aprendizaje tiene lugar. El nivel 3 es el de los conocimientos científicos, que se explicitan y se validan. Desde nuestro punto de vista, puede establecerse un paralelismo entre los niveles 1 y 2 de la noción de *sistema cultural* y el concepto de contrato didáctico en tanto modelo de negociación de significados que se realiza en la práctica que une al docente y a los alumnos a propósito de los objetos matemáticos.

En otra perspectiva teórica, E. Yackel y P. Cobb (1996) plantean que el aprendizaje en matemática es tanto un proceso de construcción individual como un proceso de enculturación hacia las prácticas matemáticas de una sociedad más amplia [15]. Estos autores se centran en el estudio

---

[15] En Brousseau (1999) se plantea una definición muy similar. Ver página 37.

del proceso de elaboración de los aspectos normativos específicos de la actividad matemática en una clase. Para dar cuenta del origen social de estas normas y de su especificidad con respecto al conocimiento matemático, ellos hablan de normas sociomatemáticas. Es interesante ver que Yackel y Cobb consideren una normativa que excede las reglas del trabajo matemático más reconocibles desde la comunidad matemática "sabia". Por ejemplo, a sus ojos constituye una norma sociomatemática aquello que permite establecer que dos procedimientos son matemáticamente diferentes o el proceso por el cual se establece que algo es "matemáticamente elegante" o "económico". También incluyen en las normas sociomatemáticas aquello que se considera una explicación matemática aceptable o una justificación. Este proceso de construcción de normas evoluciona para cada grupo y para cada individuo, a medida que se avanza en la elaboración de conceptos y en la relación con los mismos. Así, por ejemplo, aquello que se considera "matemáticamente diferente" tendrá significados distintos en dos puntos distanciados de la escolaridad.

La construcción de normas sociomatemáticas es el resultado de las interacciones en la clase entre el docente y los alumnos, en un trabajo en el que muchas veces los estudiantes reelaboran las normas a partir de la interpretación de gestos sutiles del docente que legitiman o no ciertos procedimientos. En otro trabajo, P. Cobb (1996), tomando como referencia a Bauersfeld, plantea que *"la comunicación es un proceso de negociaciones a menudo implícitas en el que tienen lugar una serie de cambios y deslizamientos sutiles, muchas veces sin que los participantes tengan conciencia de ello (...) Bauersfeld usa una metáfora interaccionista y caracteriza la negociación como un proceso de adaptación mutua en el curso del cual el maestro y los alumnos establecen expectativas de la actividad del otro y obligaciones para con la propia actividad".*

Nos pareció interesante hacer referencia a la producción de estos autores que, desde otro marco teórico, plantean ideas que consideramos muy próximas a la de contrato didáctico.

Más en general, el proyecto de Cobb (1996) de explorar maneras de coordinar las perspectivas constructivista y sociocultural dentro de la enseñanza de la matemática nos parece cercano al de la Teoría de Situaciones, aunque desde nuestro punto de vista, los trabajos de Cobb se centran mucho más en los procesos de elaboración de conocimiento como resultante de las interacciones sociales que en la búsqueda de condiciones sobre los problemas que ofrezcan "respuestas matemáticas" a partir de las cuales los alumnos podrían producir conocimientos. En algún sentido, al no establecer dichas condiciones, sería posible correr el riesgo de un desdibujamiento del objeto de enseñanza.

Los trabajos a los que hemos hecho referencia, nos hicieron tomar conciencia de que, entre las normas que los niños elaboran, hay algunas que pueden reconocerse como reglas del trabajo matemático, otras que son necesarias para que los alumnos construyan una representación de la actividad matemática y que pueden estar en la conciencia del docente como reglas útiles para el trabajo en el aula, aunque no serían fácilmente reconocibles por una comunidad matemática externa a la clase *(un procedimiento que tiene menos pasos que otro es en general más económico),* y un tercer grupo de normas que surgen de la interpretación que los niños hacen de las prácticas en las que participan *(no se pueden atribuir valores libremente),* sin que puedan en muchísimos casos –por el estatuto implícito que tienen– someterlas a la discusión del conjunto de la clase. Esta puntualización de tipos de normas no es una clasificación, y podría ser que una norma que el alumno elaboró de manera implícita y que no se discute en la clase sea una norma "matemática".

En este conjunto de normas que, como vimos, no puede ser controlado totalmente por la enseñanza, habrá algunas que los alumnos irán justificando y otras que los niños aceptarán *"porque la matemática es así"*. La resolución de la tensión entre lo que se acepta y lo que se puede fundamentar habla también del tipo de práctica que se despliega en el aula.

6. La memoria didáctica. La relación viejo-nuevo en la Teoría de Situaciones. Las situaciones de evocación

G. Brousseau y J. Centeno (1991) introducen el concepto de *memoria didáctica* al preguntarse sobre la influencia en el aprendizaje de las referencias, en un momento dado, al pasado "matemático" de los alumnos. Ellos trabajan sobre la hipótesis de que la experiencia matemática de los alumnos con relación a conceptos cercanos a los que se tratan en un cierto momento, y también la evocación de dicha experiencia, interviene de manera decisiva en el aprendizaje.

"¿De qué manera se manifiesta, en el acto de enseñar, el hecho de que los alumnos hayan incorporado o no anteriormente ciertos conocimientos? ¿Se puede decidir un acto de enseñanza ignorando lo que los alumnos han hecho previamente? Y si no, ¿dónde está inscripto el recuerdo de lo que hicieron? ¿En el legajo individual de los alumnos? ¿En

el nivel que alcanzan?, ¿o, por el contrario, únicamente en el programa o punto al que llegaron en un momento dado?" (Brousseau, 1994).

Las ideas expresadas en esta cita nos hacen tomar conciencia de dos cuestiones: por un lado, la necesidad de tener en cuenta desde la enseñanza no solamente los "temas" vinculados con un cierto concepto a enseñar que los alumnos hayan podido estudiar anteriormente, sino también lo que concretamente hayan hecho al respecto; por otro lado, Brousseau señala que el sistema de enseñanza funciona de alguna manera "sin memoria", ignorando esa consideración.

Efectivamente, cuando las cuestiones que se trabajan en un cierto momento requieren de conocimientos que se han elaborado tiempo atrás, el docente no tiene posibilidades, para activar dichos conocimientos, de apelar a las situaciones de aprendizaje efectivamente vividas por los alumnos, dado que él no ha sido testigo de su elaboración. De alguna manera, esto lo obliga a referirse a lo ya visto o bien apelando a los modos descontextualizados culturalmente establecidos que se usan para expresar el saber en cuestión o bien aludiendo a contextos "normalizados" que no necesariamente consideran la historia particular de sus alumnos. Brousseau plantea que los docentes enseñan las articulaciones necesarias, a la manera de saberes (y no de conocimientos). Es decir, las referencias que el docente puede hacer al pasado de los alumnos se basan mucho más en los usos culturales que en las condiciones en las que los estudiantes aprendieron. Esto produce una ruptura entre el discurso del docente y los conocimientos de los alumnos, que se manifiesta muchas veces como "olvido": los alumnos dicen no haber estudiado un asunto que sí estudiaron, simplemente porque no lo reconocen cuando el docente lo presenta de un modo que no tiene en cuenta las situaciones específicas en las que tuvieron oportunidad de aprenderlo. Este fenómeno lleva a los docentes a prestigiar –seguramente de manera inconsciente– modos "únicos" de referirse a los objetos matemáticos, de modo que los alumnos puedan reconocerlos en diferentes circunstancias. En el esfuerzo de elaborar referencias más "universales" que se independicen de las trayectorias singulares, se reduce enormemente el alcance y la complejidad de los conceptos.

El problema está planteado, no así su "solución". Nuevamente, el análisis teórico abre la posibilidad de ampliar la perspectiva que explica algunos hechos que ocurren con frecuencia –la cuestión del olvido de los estudiantes en este caso– y pone una "marca" que indica la necesidad de construir estrategias didácticas que consideren esta cuestión.

Retomando las ideas contenidas en la noción de *memoria didáctica*, Marie-Jeanne Perrin Glorian (1993) identifica un tipo de situaciones que llama "de evocación" (*de rappel*), y que apuntan a fortalecer los procesos de despersonalización y descontextualización de conocimientos. Se trata de evocar una o varias situaciones ya tratadas sobre un tema y de reflexionar sobre ellas sin realizarlas nuevamente. Los alumnos tendrían a través de estas instancias la oportunidad de volver a discutir el sentido y el estatuto de los conocimientos en juego en las situaciones realizadas. La autora distingue dos tipos de situaciones de evocación: las que evocan una situación de acción, no inmediatamente después de realizada sino otro día, y las que se refieren a una serie de problemas sobre un tema que ha abarcado un período prolongado de tiempo.

Las situaciones del primer tipo ofrecen la oportunidad de reconstruir, para quienes no lo han hecho en el momento de la acción, el papel que tienen para el aprendizaje los problemas abordados, al verse confrontados a la necesidad de hablar sobre lo hecho sin volver a realizarlo. La reflexión que se realiza contribuye a la despersonalización de las soluciones en la medida en que éstas son retomadas y expuestas por alumnos que no necesariamente intervinieron en su producción; también se favorece un proceso de descontextualización, dado que al retomar en frío la situación, comienzan a dejarse de lado los detalles para centrarse en las cuestiones más importantes.

Las situaciones del segundo tipo, apuntan a integrar una serie de problemas en un proceso que se interioriza con un nuevo sentido. Al establecerse relaciones entre diferentes situaciones, se produce una articulación entre viejos y nuevos conocimientos.

Como plantea G. Sensevy (1998) al reflexionar sobre el funcionamiento del tiempo didáctico en el sistema de enseñanza: *"una relación con un objeto (de saber) dado reposa sobre una anterioridad que sobrepasa la anterioridad secuencial. Y esto ocurre porque el objeto nuevo, muy a menudo, sólo puede apreciarse como tal a través de las interrelaciones que va a modificar en el tejido de lo ya construido, así como un acorde nos va a obligar a escuchar de otra manera aquello que, no obstante, habíamos ya escuchado de un cierto modo"*

7. Una nueva mirada a la relación entre lo didáctico y lo adidáctico

Al revisar muchas de las discusiones colectivas que se generaron en las clases que estudiamos, podemos identificar momentos en que los alumnos producen conocimiento en el marco de debates en los que intervienen alumnos y docentes. Se trata de verdaderas discusiones intelectuales en las que se ponen en juego las ideas de unos y otros y en las que los aportes del docente son considerados para alimentar esas ideas, modificarlas, producir nuevas relaciones. El alumno produce conocimiento en el marco de la situación didáctica, pero para que ello ocurra es necesario que lo haga desde una cierta posición: una posición desde la cual sus conocimientos interactúen con los del docente en un tipo de interacción que preserve la autonomía intelectual del alumno respecto del docente. Y esto depende de la posición de ambos. Del lado del alumno: ¿hasta qué punto se responsabiliza matemáticamente por la validez de sus resultados? Del lado del docente: ¿cómo considera al alumno? ¿Reconoce que interactúa con un sujeto cuyo sistema de conocimientos es diferente del propio y entabla un juego de proposiciones y oposiciones con el alumno? ¿Permite que el sistema de conocimientos del alumno se despliegue?

La situación adidáctica supone la interacción de un alumno con una problemática de manera independiente de la mediación docente. Pero a la luz de estas preguntas que nos estamos formulando: ¿qué quiere decir "de manera independiente de la mediación docente"? Revisamos nuestra visión de la noción de adidacticidad y empezamos a pensarla como una posición que sostienen el alumno y el docente, más que concebirla en términos de intervención o no intervención del docente. La responsabilidad matemática del alumno con relación a la problemática que enfrenta no pasa por considerar o no la intervención del docente sino por la manera en que lo hace. Obviamente, no estamos hablando de intervenciones banales, sino de intervenciones que alimentan la interacción del alumno con su problemática.

Pensar la adidacticidad como posición del alumno sostenida por el tipo de reconocimiento que hace el docente del alumno, en algún sentido, nos "liberaría" de considerar las intervenciones del primero con relación a la problemática con la que interactúa el segundo como compensaciones de las insuficiencias de un *medio*. Esto nos resulta interesante, no por una cuestión de nombres dentro de la teoría, sino porque permite concebir un modo de intervención que *siempre* puede enriquecer la calidad de las relaciones que el alumno establezca en su interacción con el *medio*.

Algunos episodios que hemos recortado del análisis de los registros de las clases en las que trabajamos nos llevan a repensar también cómo interviene el conjunto de las interacciones de la clase en la construcción de esa posición del alumno en tanto sujeto matemático, de la que venimos hablando. Proponemos un ejemplo: en una de las clases en las que trabajamos, se discutía respecto de la cantidad de soluciones de un problema aritmético con un grado de libertad entre las variables. Se habían propuesto dos caminos de resolución. La clase sostenía que, por un determinado método, el problema tenía 41 soluciones y, por otro, tenía 200. Esto hizo que el docente propusiera una nueva tarea a los alumnos: les pidió que encontraran una solución que pudiera obtenerse por uno de los métodos y no por el otro. En el marco de este trabajo, una alumna muy floja llama a la profesora y le pregunta: "¿cómo saben los chicos que hay 201 soluciones?".

Interpretamos que toda la discusión que se despliega en el aula le informa a esta alumna que hay una manera de darse cuenta, que ella no comprende, pero que podría comprender. Y tal vez sea éste para ella el aprendizaje más importante de todo el conjunto de clases en las que se sostuvo el problema. En este sentido, un tipo de interacción sostenida para el conjunto puede ayudar a los que todavía no entraron en un cierto juego matemático a construir esa posición adidáctica de la que hablábamos. Podríamos pensar que las interacciones generadas por la profesora con el conjunto de la clase contribuyen al proceso de devolución del problema a esta alumna. La devolución operaría en este caso no a través de una interacción directa del docente con el alumno sino a través de la gestión de toda la clase que, al sostener el debate, informa al conjunto que las respuestas que se dan obedecen a razones.

Las reflexiones anteriores abren una serie de cuestiones teóricas que deberemos discutir, profundizar y analizar.

Reflexiones finales

Comenzamos este artículo planteando distancias entre un modelo teórico y la compleja realidad de las aulas. Queremos cerrarlo resaltando el papel productivo que para nosotros tiene la formación teórica del profesor.

Un profesor es también un intelectual. Necesita reflexionar sobre su práctica, encontrar explicaciones a los hechos más allá de sus sensaciones, fundamentar sus decisiones, desnaturalizar los órdenes preestablecidos. La Teoría de Situaciones coloca "marcas" que –sean o no consideradas al pensar un proyecto de enseñanza– nutren esa necesaria reflexión.

La noción de *situación fundamental* pone una "señal" que convoca a conocer, para cada grupo de conceptos, qué problemas matemáticos darían lugar a construcciones potentes en el aula.

La relación entre conocimiento y saber advierte sobre la reducción que supone pensar un proceso de enseñanza sólo centrado en la resolución de problemas: las revisiones, las reorganizaciones teóricas, las descontextualizaciones, las relaciones entre conceptos, en fin, las reflexiones sobre tramos enteros de lo realizado, juegan un papel fundamental en la calidad de los conocimientos que se elaboran.

Los conceptos de adidacticidad y de devolución –estrechamente ligados– nos hacen tomar conciencia de la necesidad de construir una posición del alumno como sujeto que entabla con el docente un intercambio intelectual y nos llevan a analizar, además, que la construcción de esa posición es responsabilidad de la enseñanza.

La noción de contrato didáctico pone en primer plano el papel de la interacción con el docente en el proceso de elaboración de conocimientos, interacción que no sólo se nutre de lo que explícitamente se dice, sino también de lo que se calla, de lo que se espera, de lo que se sugiere, de lo que se intenta.

Las interacciones que se describen en la Teoría de Situaciones hablan del proceso de producción en clase como una trama compleja no reductible a ninguna de sus partes.

Como dijimos en la Introducción, la Teoría no explica todo, pero "toca" asuntos esenciales para pensar la construcción de saberes matemáticos en el marco escolar.

No podemos cerrar este capítulo sin dejar explícito que la Teoría de Situaciones no es ideológicamente neutra. Toma posición respecto de la necesidad de formar jóvenes con autonomía intelectual y con capacidad crítica. Al ubicar del lado de la escuela la responsabilidad de lograr que los alumnos se posicionen como sujetos teóricos, como sujetos productores, deja sentado que todos los alumnos tienen derecho a construir y ejercer el poder que otorga el conocimiento. Puede que esta posición no sea compartida por todos, pero su existencia en el horizonte de quienes trabajamos de enseñar no puede ser ignorada.

He tenido el privilegio de conocer a Guy Brousseau cuando vino por primera vez a la Argentina, a principios de los años 90, y luego en sus sucesivas visitas a distintos centros de nuestro país. Además de su brillantez excepcional, de su agudeza intelectual, de su sensibilidad para percibir problemas, de su creatividad para imaginar situaciones, he disfrutado, en los breves períodos en los que interactuamos, de su generosidad, de su simpatía, de su humildad y, sobre todo, de su compromiso y su pasión por el conocimiento. Que este artículo, fruto de las discusiones con tantos colegas y amigos entrañables con quienes hemos estudiado la Teoría de Situaciones, se constituya en un cálido, sincero y afectuoso homenaje a su persona.

Bibliografía

Bloch, I (1999) "L'articulation du travail mathématique du professeur et de l'élève dans l'enseignement de l'analyse en première scientifique", en *Recherches en Didactique des mathématiques*, vol 19/2, pp. 135-194, Grenoble, La Pensée Sauvage.

Brousseau, G. (1986) *Fundamentos y Métodos de la Didáctica de la Matemática*, Facultad de Matemática, Astronomía y Física, Universidad Nacional de Córdoba.

Brousseau, G. (1988 a) "Le contrat didactique : le milieu", en *Recherches en Didactique des mathématiques*, vol 9/3, pp. 309-336, Grenoble, La Pensée Sauvage.

Brousseau, G; (1988 b) "Los diferentes roles del maestro", en Parra, C. y Saiz, I. (comps.), *Didáctica de la Matemática. Aportes y Reflexiones,* Buenos Aires, Paidós Educador, 1994.

Brousseau, G. (1995) "L'enseignant dans la théorie des situations didactiques", en Noirfalise, R. y Perrin-Glorian, M. J. (comps.), *Actes de l'école d'été*, IREM de Clermot-Ferrand, 1996.

Brousseau, G.; (1998) "Visite de l'atelier 'Théorie des situations' et réponses aux questions des participants de l'U.E.", en Noirfalise, R. (comp.), *Actes de l'Université d'été*, La Rochelle-Charente-Maritime.

Brousseau, G. (1994) *La Memoria del Sistema Educativo y la Memoria del Docente*, publicación conjunta de la Facultad de Ciencias Exactas y Naturales de la Universidad de Buenos Aires y del Servicio de Cooperación Lingüística y Educativa de la Embajada de Francia en la Argentina.

Brousseau, G. (1999) "Educación y Didáctica de las Matemáticas", en *Educación Matemática*, México, noviembre de 1999.

Brousseau, G. y Centeno, J. (1991) "Rôle de la mémoire didactique de l'enseignant", en *Recherches en Didactique des mathématiques*, vol 11/2.3, pp. 167-210, Grenoble, La Pensée Sauvage.

Castorina, J.A. (2000) "El constructivismo social y la enseñanza de las ciencias: una crítica epistemológica", en

Espósito, I. (comp.) *Psicopedagogía: entre aprender y enseñar*, Miño y Dávila Editores.

Cobb, P. (1996) "Where is the mind? A Coordination of Sociocultural and Cognitive Constructivist Perspectives", en *Constructivism: Theory, Perspectives, and Practice*, Teachers College, Columbia University.

García, R. (2000) *El conocimiento en construcción*, Ed. Gedisa.

Lemoyne, G. et alii (1997), "Les élèves de la psychologie cognitive et de la didactique des mathématiques dans l'ingénierie didactique", en Brun, J., Conne, F. y Floris, R. (comps.), *Actes des premières journées didactiques de la Fouly*.

Margolinas, C. (1993) *De L'importance du vrai et du faux dans la classe de mathématiques*, Grenoble, La Pensée Sauvage Editions.

Mercier, A; (1998), "La participation des élèves à l'enseignement", en *Recherches en Didactique des mathématiques*, vol 18/3, pp. 279-310, Grenoble, La Pensée Sauvage.

Perrin Glorian, M.J. (1993), "Questions Didactiques soulevées à partir de l'enseignement des mathématiques dans des classes 'faibles'", en *Recherches en Didactique des mathématiques*, vol 13/1.2, pp. 5-118 Grenoble, La Pensée Sauvage.

Perrin, M.J. (1999) "Problèmes d'articulation des cadres théoriques: l'exemple du concept de milieu", en *Recherches en Didactique des mathématiques*, vol 19/3, pp. 279-322, Grenoble, La Pensée Sauvage.

Piaget, J. (1975), *Introducción a la epistemología genética. El pensamiento matemático*, Buenos Aires, Biblioteca de Psicología Evolutiva, Paidós.

Piaget, J. (1978) *La equilibración de las estructuras cognitivas. Problema central del desarrollo*, México, Siglo XXI.

Piaget, J. y García, R. (1982) *Psicogénesis e historia de la ciencia*, México, Siglo XXI.

Robert, A. (1998) "Outils d'analyse des contenus mathématiques à enseigner au lycée et à l'université", en *Recherches en Didactique des mathématiques*, vol 18/2, pp. 139-190, Grenoble, La Pensée Sauvage.

Sensevy, G. (1998). *Institutions didactiques. Étude et autonomie à l'école élémentaire*, París, Presses Universitaires de France.

Sierpinska, A., (1989) "Sur un programme de recherche lié à la notion d'obstacle épistémologique", en Bednarz, N. y Garnier C. (eds.), *Construction des savoirs, obstacles et conflits*, CIRADE-Agence d'Arc inc, La Pensée Sauvage.

Yackel, E. y Cobb, P. (1996) "Sociomathematical Norms, argumentation and autonomy in Mathematics", en *Journal for Research in Mathematics Education*. Vol. 27/4, pp. 458-477.

Los principios de la Educación Matemática Realista

Ana Bressan

Con la colaboración de **Betina Zolkower**
y **María Fernanda Gallego**

En este artículo nos centraremos en una línea didáctica que se identifica con el nombre de Educación Matemática Realista y reconoce como fundador al Dr. Hans Freudenthal (1905-1990). Esta corriente nace en Holanda como reacción frente al movimiento de la Matemática Moderna de los años 70 y al enfoque mecanicista de la enseñanza de la matemática, generalizado en ese entonces en las escuelas holandesas.

Hans Freudenthal, matemático y educador de origen alemán, doctorado en la Universidad de Berlín, desarrolló su carrera académica y sus teorías pedagógicas en Holanda. Fue un incansable propulsor de un cambio en la enseñanza tradicional de la matemática y mucha de su popularidad proviene de su amplia actuación como fundador y participante activo en el Grupo Internacional de Psicología y Educación Matemática (PME) y la Comisión Internacional para el Estudio y Mejoramiento de la Enseñanza de las Matemáticas (CIEAEM) en cuyas reuniones manifestaba su oposición a las corrientes pedagógico-didácticas y a las "innovaciones" en la enseñanza vinculadas a la matemática que se propiciaban a mediados del siglo pasado, tales como la teoría de los objetivos operacionales, los "test" estructurados de evaluación, la investigación educativa estandarizada, la aplicación directa del estructuralismo y el constructivismo de Piaget en el aula, la separación entre investigación educativa, desarrollo curricular y práctica docente y la matemática "moderna" en la escuela).

A pesar de sus escasas referencias a autores no matemáticos, Freudenthal reconoce influencias de Decroly, de quien valoriza sus centros de interés (que se asemejan a su propia teoría de aprendizaje de la matemática en el contexto de la vida real), de Dewey, a quien también reconoce similitudes con su idea de *reinvención guiada*, de Pierre y Dina Van Hiele de los cuales toma los niveles de matematización en función de su trabajo de tesis acerca del Desarrollo del pensamiento geométrico y su didáctica (1957). También se notan en él influencias de las ideas pedagógicas de Lagenveld (pedagogía fenomenológica), Castelnuovo E. (didáctica intuitiva), Petersen (educación progresiva), Kry Van Perreren y las teorías socioculturales de la Europa del Este. Sus publicaciones sobre Educación Matemática se remontan a 1948 [16] y en el curso del tiempo desarrolla a través de ellas, junto con otros colaboradores del *Instituto para el desarrollo de la Educación Matemática,* IOWO, fundado por él en 1970 en la Universidad de Utrech, renombrado hoy como Instituto Freudenthal, las bases sobre las que hoy trabaja la corriente conocida como *Educación Matemática Realista* (EMR).

---

[16] Una reseña de sus publicaciones sobre educación matemática puede encontrarse en H. Freudenthal (1980): *Weeding and Sowing. Preface to a Science of Mathematical Education.* Reidel Publishers Company. Dordrecht. Holland-Boston. 2° Edition.

Los principios de la educación matemática realista

La EMR no pretende ser una teoría general del aprendizaje (como lo es, por ejemplo, el constructivismo), sino que más bien se trata de una teoría global que se basa en las siguientes ideas centrales:

- Pensar la matemática como una *actividad humana* (a la que Freudenthal denomina "matematización"), de modo tal que debe existir una *matemática para todos*.

- Aceptar que el desarrollo de la comprensión matemática pasa por distintos *niveles* donde los *contextos* y los *modelos* poseen un papel relevante y que ese desarrollo se lleva a cabo por el proceso didáctico denominado *reinvención guiada* en un ambiente de *heterogeneidad* cognitiva.

- Desde el punto de vista curricular, la *reinvención guiada* de la matemática en tanto actividad de matematización requiere de la *fenomenología didáctica* como metodología de investigación, esto es, la búsqueda de contextos y situaciones que generen la necesidad de ser organizados matemáticamente, siendo las dos fuentes principales de esta búsqueda la *historia de la matemática* y las *invenciones y producciones matemáticas espontáneas de los estudiantes*.

A continuación se detallan estos conceptos que suelen ser presentados bajo el nombre de Principios de la Educación Matemática Realista, que se encuentran profundamente relacionados entre sí.

Principio de actividad

La idea fundante de Freudenthal es que la matemática debe ser pensada como una actividad humana a la que todas las personas pueden acceder y la mejor forma de aprenderla es haciéndola.

Dice Freudenthal (1993: IX): *"Las cosas están al revés si se parte de enseñar el resultado de una actividad más que de enseñar la actividad misma* (hecho que caracteriza como *inversión antididáctica)".*

Como matemático-investigador, hacer matemática (*matematizar*) es más importante que aprenderla como producto terminado. El énfasis no está en aprender algoritmos, sino en el proceso *de algoritmización*, no en el álgebra sino en la actividad de *algebrizar*, no en las abstracciones sino en la acción de *abstraer*, no en la *forma y la estructura* sino en *formalizar y estructurar* (1991) [17].

En la perspectiva realista, se propone que la matemática posee valor educativo en la medida en que permite comprender y participar de los modos en que esta disciplina organiza distintas esferas de nuestro entorno social y natural.

Freudenthal entiende que el término "educación" encierra tanto el logro de los objetivos de la instrucción formal como el desarrollo de actitudes de toda clase: morales, sociales, emocionales, religiosas y cognitivas. Todo esto hará del ser humano un hombre culto, formado, que es uno de los objetivos más relevantes de la educación (Freudenthal, 1980: 35-38).

---

[17] Freudenthal no elabora en detalle su noción de *actividad*, sólo hace uso de este término para señalar la necesidad, imperiosa desde el punto de vista didáctico, de reconstruir el proceso oculto dentro del producto (en términos gramaticales, recuperar el verbo encapsulado dentro del sustantivo) (1991). Toma como punto de partida la actividad de los matemáticos, ya sea pura o aplicada, de resolver problemas, buscar problemas y organizar el contenido, sea contenido matemático o información de la realidad (Gravemeijer, 1994: 82)

Asimismo, propicia una matemática para todos, reconociendo que no todos los estudiantes han de llegar a ser matemáticos, y que para una mayoría la matemática a utilizar será la que les ayude a resolver los problemas de la cotidianeidad.

Por otro lado, también plantea que los niños no pueden matematizar la matemática, ya que, en un principio, no hay objetos matemáticos que sean de su experiencia real. Por lo tanto, se trata de posibilitar el acceso a conocimientos, destrezas y disposiciones mediante situaciones problemáticas que generen en los estudiantes la necesidad de utilizar herramientas matemáticas para su organización y solución (1973: 134).

Principio de realidad

Si la matemática surge como *matematización* (organización) de la realidad, el aprendizaje matemático debe originarse también en esa realidad. Esto no sólo significa mantener a esta disciplina conectada al mundo real o existente sino también a lo realizable, imaginable o razonable para los alumnos.

Dice Freudenthal: *"Yo prefiero aplicar el término 'realidad' a lo que la experiencia del sentido común toma como real en un cierto escenario"* (1991: 17).

Desde este punto de vista, resultará tan "real" para un estudiante de primer ciclo trabajar sobre el colectivo al que diariamente aborda para venir a la escuela, como, posteriormente, hacerlo sobre el lenguaje de flechas que representa lo que en el colectivo acontece, o en estudiantes más avanzados, recurrir a lo que se sabe sobre números y operaciones para resolver mentalmente problemas tales como 39 x 41, 252 ÷ 12 ó 60 ÷ ¼, o inventar un método para predecir las dos últimas cifras de una potencia de 7 dado el exponente.[18]

De lo que se trata es de presentar los problemas, en principio en contextos de la vida diaria [19], de modo tal que los alumnos puedan imaginar las situaciones en cuestión y, a partir de ahí, utilizar su sentido común y poner en juego los procedimientos de cálculo, las estrategias de resolución y los modelos matemáticos que mejor sirvan para organizarlas. En la búsqueda de estos problemas, el contexto debe ser considerado como un aspecto intrínseco a los mismos y no como un mero ropaje a eliminar:

"Enfocar el contexto como un ruido, susceptible de perturbar la claridad del mensaje matemático, es un error; el contexto por sí mismo constituye el mensaje, siendo las matemáticas un medio para decodificarlo" (Freudenthal, 1973).

Al ser significativos para el estudiante (Freudenthal, 1981: 144), los contextos en la EMR se constituyen en puntos de partida de su actividad matemática, promoviendo el uso de su sentido común y de sus estrategias informales,

---

[18] "La matemática está, por lo tanto, dentro del mundo de los fenómenos que organizan: no hay dos mundos sino uno que crece con cada producto de la actividad matemática" (Tomado de Freudenthal por Puig, 1997: 67).

[19] Vale subrayar que no se trata de utilizar la realidad perceptible o experimentada como única fuente de actividades en el aula de matemática. Hacerlo limitaría seriamente las oportunidades para que los alumnos aprendieran a matematizar, es decir, a operar dentro del ámbito mismo de la matemática. De lo que se trata es de incorporar en el aula un modo de trabajo donde haya espacio para preguntas, para que los alumnos contribuyan a las discusiones, no sólo acerca de sus estrategias y soluciones, sino también –y fundamentalmente– en lo que respecta a la interpretación de las situaciones problemáticas mismas.

permitiéndoles luego avanzar por sí mismos hacia niveles de mayor formalización.

A continuación se presentan producciones de distinto nivel de matematización a partir del trabajo con el contexto del colectivo, una situación paradigmática de la didáctica realista holandesa. Se trata del recorrido de un colectivo en el que van subiendo y bajando pasajeros, trabajándose así simultáneamente la suma y la resta. Cuando describen diferentes trayectos de colectivos, los niños reconocen fácilmente los cambios en el número de pasajeros en cada parada y dan naturalmente sentido a los signos de más (+) y menos (-). Con preguntas del docente se van desprendiendo de los detalles irrelevantes desde el punto de vista matemático, se centran en los cambios de pasajeros que vienen, que suben o bajan y que siguen viaje y crean formas de representación con mayor nivel de esquematización, como se puede apreciar en los trabajos de Flopy, quien, partiendo de un nivel gráfico icónico, llega a interpretar el lenguaje de flechas mientras, que Nadia trabaja ya a nivel numérico puro (ambas alumnas de primer grado, Esc. 71, Bariloche, 2001).

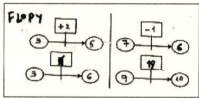

Otros contextos propuestos por la Educación Matemática Realista son:
- los patrones en los collares para trabajar regularidades,

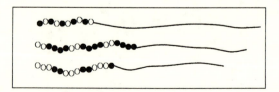

- la distribución de embaldosados o plantas en un vivero (arreglos rectangulares) para abordar la enseñanza de la multiplicación,

- las situaciones de reparto equitativo para el tratamiento de las fracciones,

- la notación de libreta (usada en los restaurantes) para sistemas de ecuaciones,

- los empaquetados en la fábrica de caramelos para comprender las propiedades del sistema de numeración decimal,

- la conformación de distintos menús o los recorridos posibles entre varios puntos de un plano para trabajar combinatoria,

- la formas de las cajas de empaque para estudiar prismas,

- la ubicación de un incendio desde distintos miradores, para trabajar coordenadas, rectas y pendientes, etc.

Además de estos contextos situacionales, vinculados a la cotidianeidad, Freudenthal considera contextos también a aquellos puramente matemáticos (contextos desnudos o puros), en tanto sean significativos para los niños presentándose a ellos como juegos o desafíos: buscar regularidades en tablas y tableros, construir pirámides numéricas trabajando operaciones inversas, completar cadenas de operaciones buscando relaciones entre los números que las integran, etc.

Para no generalizar y banalizar el concepto de contexto realista es importante tener en cuenta el carácter *relativo* del mismo, pues un contexto, sea o no realista, depende de la experiencia previa de los alumnos y/o de su capacidad para imaginarlo o visualizarlo.

Muchos de estos contextos se tornarán modelos mentales a los cuales los alumnos podrán acudir para recordar estrategias de solución utilizadas en ellos.

Principio de reinvención

Para Freudenthal, la matemática no es otra cosa que una forma de sentido común, sólo que más organizada.

"Para transformarlo en matemática genuina y para progresar, el sentido común debe ser sistematizado y organizado. Las experiencias del sentido común cristalizan en reglas (por ejemplo, la conmutatividad de la suma) y estas reglas se transforman de nuevo en sentido común, pero a un nivel más alto, constituyendo así la base para una matemática de orden aún mayor, una jerarquía tremenda, construida gracias a un notable interjuego de fuerzas" (1991: 9).

Este proceso se realiza en las aulas conjugando los roles y responsabilidades del docente y del alumno a través de una forma de interacción que Freudenthal denomina "reinvención guiada" y la entiende como

"... un balance sutil entre la libertad de inventar y la fuerza de guiar" (1991: 55).

La educación matemática debe dar a los alumnos la oportunidad *guiada* por el maestro de reinventar la matemática (no crean, ni descubren, sino que reinventan modelos, conceptos, operaciones y estrategias matemáticas con un proceso similar al que usan los matemáticos al inventarlas). Aquí el docente posee un papel bien definido en tanto sujeto que media entre los alumnos y las situaciones problemáticas en juego, entre los alumnos entre sí, entre las producciones informales de los alumnos y las herramientas formales, ya institucionalizadas, de la matemática como disciplina.

Para orientar adecuadamente este proceso es importante la capacidad de anticipación, observación (y auto-observación) y reflexión del docente acerca de los aprendizajes a corto y largo plazo de sus alumnos. Esto le permitirá conocer las comprensiones y habilidades de los mismos, para organizar la actividad en el aula y dar lugar a esta reinvención y a los cambios de nivel – esto se explica en el siguiente apartado– que pretende lograr en esas comprensiones (Freudenthal, 1991, cap. 2).

Para Freudenthal (1991: 65), el aprendizaje, lejos de ser continuo y gradual, presenta discontinuidades, es decir, saltos repentinos de reinvención (evidenciados por los alumnos en las "experiencias de ajá", en la toma de atajos en sus estrategias, los cambios de puntos de vista, el uso de modelos de distintos niveles de formalización), y va de estructuras complejas y ricas del mundo real a las más generales, abstractas y formales de la matemática.

Principio de niveles

Freudenthal completa entonces el proceso de reinvención con lo que Treffers (1987) llama "matematización progresiva". Los alumnos deben comenzar por matematizar un contenido o tema de la realidad para luego analizar su propia actividad matemática.

Este proceso de matematización fue profundizado por Treffers (1978, 1987) y retomado por Freudenthal (1991) bajo dos formas:

- *la de matematización horizontal, que consiste en convertir un problema contextual en un problema matemático, basándose en la intuición, el sentido común, la aproximación empírica, la observación, la experimentación inductiva*

- *la de matematización vertical, ya dentro de la matemática misma, que conlleva estrategias de reflexión, esquematización, generalización, prueba, simbolización y rigorización (limitando interpretaciones y validez), con el objeto de lograr mayores niveles de formalización matemática* [20].

En este proceso de matematización progresiva, la EMR admite que los alumnos pasan por distintos niveles de comprensión [21]. Estos niveles (Freudenthal, 1971, 1991;

---

[20] La distinción entre matemática informal y formal conviene al diseñador curricular. En la EMR, la matemática formal no se entiende como un producto externo con el cual el alumno debe conectarse, sino como algo que crece de su propia actividad. "Nosotros hablaremos de un 'razonamiento matemático más formal' en el contexto de la secuencia instruccional, cuando los estudiantes construyen argumentos que se localizan en una nueva realidad matemática (...) la cual puede llamarse formal en relación con los puntos de partida originales de los estudiantes" (Gravemeijer, 2002: 3).

[21] La noción de *niveles en los procesos de aprendizaje*, tal como es utilizada en EMR, proviene en gran medida de las ideas de Dina van Hiele (1957) y Pierre van Hiele (1973, 1985) y difiere considerablemente de la noción de *etapas de desarrollo* que aparece en los trabajos de Piaget, en particular en el sentido de que la noción de

Gravemeijer, 1994, 2002) son: *situacional, referencial, general* y *formal,* y están ligados al uso de estrategias, modelos y lenguajes de distinta categoría cognitiva,sin constituir una jerarquía estrictamente ordenada.

En el nivel *situacional*, el conocimiento de la situación y las estrategias es utilizado en el contexto de la situación misma apoyándose en los conocimientos informales, el sentido común y la experiencia.

En el nivel *referencial* aparecen los modelos gráficos, materiales o rotacionales y las descripciones, conceptos y procedimientos que esquematizan el problema, pero siempre referidos a la situación particular.

El nivel *general* se desarrolla a través de la exploración, reflexión y generalización [22] de lo aparecido en el nivel anterior pero propiciando una focalización matemática sobre las estrategias, que supera la referencia al contexto.

En el nivel *formal* se trabaja con los procedimientos y notaciones convencionales.

Retomando la situación del colectivo, los niños se encuentran en el nivel situacional cuando reconstruyen trayectos en los que suben y bajan pasajeros. Cuando

---

niveles está estrechamente vinculada al uso externo instrumental del lenguaje y otros medios de simbolización (por ejemplo, modelos y formas de notación), mientras que la noción de *etapas* remite a una transformación interna, esto es, a nivel de las estructuras cognitivas o mentales.

[22] Generalizar implica, para Freudenthal, un concepto distinto de transferir. Cuando se habla de generalizar en la EMR, no se entiende como la aplicación de un procedimiento conocido a situaciones nuevas (esto sería aplicar o transferir según su característica de novedad para el alumno), sino que implica conectar varias situaciones reconociendo características similares que permiten que se las clasifique dentro de un determinado tipo. Al mismo tiempo, el proceso de solución (abarcativo) puede ser estructurado, y por lo tanto, la generalización toma forma de una actividad de organización, como una forma de matematización (Gravemeijer, 1994: 104).

pasan al dibujo y representan dichos trayectos usando el lenguaje de flechas, estarían en el nivel referencial. Paulatinamente, la situación del colectivo evoluciona como modelo de situaciones de subida y bajada (entrada o salida) de personas a otras de la misma naturaleza matemática (nivel general), o donde aparecen operaciones secuenciadas –por ejemplo, los viajes en el ascensor, la confitería, el juego de bolos, etc.–; llegando luego el alumno a interpretar y resolver aritméticamente otras situaciones de suma y resta a nivel enteramente formal.

La evolución entre niveles se da cuando *la actividad en un nivel es sometida a análisis en el siguiente, el tema operatorio en un nivel se torna objeto del siguiente nivel* (Freudenthal, 1971: 417).

Estos niveles son dinámicos y un alumno puede funcionar en diferentes niveles de comprensión para contenidos distintos o partes de un mismo contenido. Más que describir en forma exacta qué puede hacer el alumno en cada uno sirven para seguir sus procesos globales de aprendizaje.

Veamos algunas producciones notacionales de diferente nivel de formalización realizados por alumnos de tercer año trabajando con un sistema de ecuaciones. Aquí se aprecian escrituras convencionales, como en el caso de Cintia, María y Santiago, que utilizan distinto grado de explicitación; escrituras intermedias, como Romina, que usa el modelo de "notación de libreta" trabajado en la primera clase del tema, y hasta el uso de la visualización directa para resolver el problema, como en el caso de Vanesa.

El problema planteado fue el siguiente:

Ramona quiere renovar los senderos de su jardín usando un diseño hecho con baldosones individuales como éstos:

75 cm × 25 cm × 25 cm

25cm × 25cm × 25cm

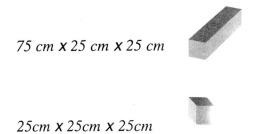

A continuación se muestran dos modelos hechos con estos baldosones.

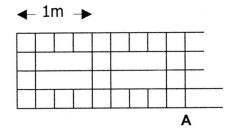

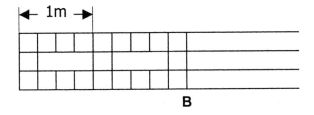

El modelo A cuesta $ 10 el metro lineal. El modelo B cuesta $ 7,80 por metro lineal.

Ramona creó su propio diseño de baldosas, como se muestra a continuación.

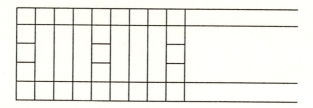

Encontrar el costo del metro lineal para el diseño de Ramona. Muestra tu resolución.

Estrategias que utilizaron [23]:
• resolución de un sistema de ecuaciones (sumas y restas) buscando primero precios unitarios: 6 alumnos (20,68%);
• resolución de un sistema de ecuaciones sin pasar por los precios unitarios, esto es, buscando la ecuación que se adecue al nuevo diseño: 10 alumnos (34,48%);
• por sustituciones y proporciones: 3 alumnos (10,34%);
• por igualación: 1 alumno (3,44%);
• por notación de libreta: 6 alumnos (20,68%).

En el recuadro de la página 88 se pueden apreciar algunas de las distintas escrituras y estrategias utilizadas por los alumnos.

---

[23] De un total de 27 alumnos, 22 resolvieron bien el problema (75,86%); 2 lo resolvieron mal –realizaron bien el planteo, pero se equivocaron en las cuentas– (6,89%) y 3 alumnos no lo resolvieron (10,34%%).

CINTHIA: en A plantea el sistema de ecuaciones (usando ambos modelos) y resta la segunda ecuación a la primera obteniendo el valor de un "bc" (baldosón chico), luego en B reeemplaza 9 bc por su costo y extrae el costo de un "bg" (baldosón grande). En C obtiene el valor del modelo elegido por Ramona.

MARÍA: elige trabajar directamente con los baldosones, a los que distingue entre A (los más pequeños) y B (los más grandes). Plantea el sistema en términos del número de baldosones de cada clase. Resta la segunda ecuación de la primera y, utilizando el esquema unitario obtenido, saca el valor del modelo de Ramona.

SANTIAGO: muestra paso por paso cómo combina las ecuaciones iniciales o las resultantes para extraer los costos unitarios. En el paso 6 resta mal, debiendo obtener 0,70 en lugar de 1,5, lo que ocasiona un resultado final incorrecto.

ROMINA: utiliza el modelo de "notación de libreta" que se le ha enseñado, haciendo las combinaciones necesarias que le permiten llegar a la combinación de Ramona.

VANESA: se ayuda directamente del dibujo y obtiene que el baldosón mayor equivale a 3 baldosones pequeños, lo cual simplifica enormemente su trabajo, eliminando una incógnita. Así, 4 baldosones pequeños cuestan $2,20 (diferencia de costos entre el modelo A y B) y dado que el modelo, de Ramona equivale al costo del modelo A más el costo de 4 baldosones pequeños, suma y obtiene el resultado correcto de $12,20.

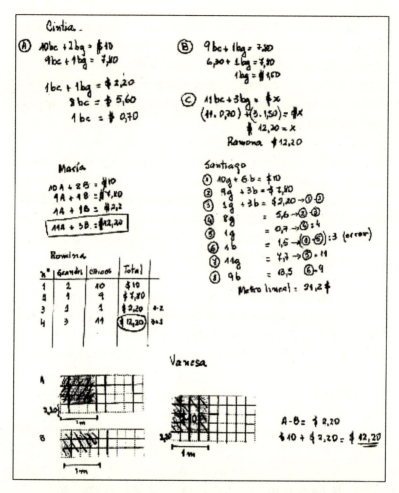

Los *modelos* y la *reflexión colectiva* son los instrumentos básicos para el cambio de nivel. Ellos constituyen representaciones de las situaciones donde se reflejan aspectos esenciales de los conceptos y relaciones matemáticas que son relevantes para solucionar la situación dada [24]. El

---

[24] Lo que a Freudenthal (1991) le interesa, desde el punto de vista didáctico, no son los modelos como sistemas axiomáticos o estructuras cognitivas sino como el resultado

uso de modelos en la EMR dista del concepto generalizado de modelización matemática, como traducción de situaciones problemáticas a expresiones matemáticas que pueden funcionar como modelos. En esta corriente, el modelo es el resultado de organizar una actividad por parte del sujeto, sosteniendo una profunda implicación constitutiva entre modelo y situación (Gravemeijer, 2002). En la EMR se respetan los modelos que surgen de los propios alumnos y se acercan otros inspirados en las estrategias informales, ya sea utilizadas por los estudiantes, ya sea que aparecen en la historia de la matemática (estudiados a partir de la fenomenología didáctica [25]).

Entre los modelos trabajados en la EMR se destacan:

• las situaciones paradigmáticas: como la del autobús (Van den Brink, 1984, 1991), para operar con la suma y la resta y sus propiedades, o la de la fábrica de caramelos o el tesoro del sultán (Gravemeijer, 1991), para introducir el sistema decimal, o la redistribución de mesas en la casa de

---

de la modelización en tanto actividad de idealización que ocupa un lugar central en los procesos de matematización. "*El modelo es simplemente un intermediario, a menudo indispensable, a través del cual una realidad o una teoría compleja es idealizada o simplificada a fines de volverla susceptible de un tratamiento matemático formal* (Freudenthal, 1991: 34).

[25] La *fenomenología didáctica* (Freudenthal, 1983) se encarga de buscar e investigar situaciones (fenómenos) que puedan ser organizadas por los objetos matemáticos que se supone los alumnos deben construir. Para Freudenthal, algo se considera un fenómeno cuando tenemos experiencia de ello, e incluye como fenómenos los mismos medios de organización de la matemática (estrategias, conceptos, notaciones) cuando se convierten en objetos de experiencia (ver Puig, 1997: 63-64). "*El objetivo de una investigación fenomenológica es, por lo tanto, encontrar situaciones problemáticas a partir de las cuales se pueden generalizar enfoques específicos, y encontrar situaciones que puedan evocar procedimientos paradigmáticos de solución como base para la matematización vertical. Para encontrar fenómenos pasibles de ser matematizados, podemos buscar entender cómo fueron inventados*"(Gravemeijer y Terwuel, 2000).

los panqueques (Streefland, 1991a), para trabajar fracciones como razones y relación parte-todo;
• los *materiales físicos*, como el *rekenrek* (contador 10-10), el collar de bolitas bicolor, estructurado de cinco en cinco o de diez en diez (Treffers, 1991), o la moneda corriente, para expresar números bajo distintas formas (dobles, dobles más uno, en base a grupos de 5 o 10, etc.) y operar, los tableros para la combinatoria;
• los *esquemas notacionales* tales como el lenguaje de flechas (Van den Brink, 1984, 1991) en lugar de utilizar el signo igual en operaciones combinadas, la notación de libreta o la tabla de combinaciones para plantear y resolver sistemas de ecuaciones, el modelo abierto de área para la multiplicación, la línea numérica abierta simple para apoyar las estrategias secuenciales de cálculo mental y la recta doble (Treffers, 1991), el modelo circular; la tabla de razones y la barra de porcentajes (Middleton y otros, 1995, 1999) para el trabajo de la proporcionalidad.

En la siguiente figura se representan algunos de los modelos citados:

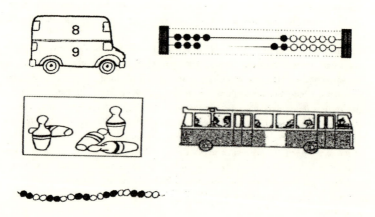

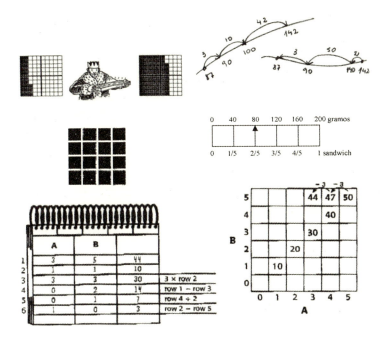

Ellos sirven como puentes para sortear la distancia entre la matemática contextualizada e informal y la formal, permitiendo, por su flexibilidad, avanzar en los distintos niveles, cambiar en el tiempo e integrar contenidos. Los modelos que aparecen en el nivel situacional (*modelos de situaciones particulares*) van extendiéndose a otras situaciones y generalizándose con otros lenguajes, tornándose entidades en sí mismos, como herramientas (*modelos para*) para resolver situaciones variadas, posibilitando un razonamiento matemático más formal.

Los modelos así pensados favorecen la matematización vertical sin obstruir, si es necesario, la vuelta a la situación que les dio origen.

Este proceso de matematización debe basarse en el *análisis reflexivo* del trabajo oral y escrito de los alumnos, con particular atención a los momentos claves (búsqueda de atajos, cambios de punto de vista, creación o apropiación de modelos más elaborados, etc.) en los procesos de esquematización o formalización progresivas, y en organizar o estructurar las discusiones en torno a las soluciones propuestas por los mismos, de modo tal de hacer visible y explícita la trayectoria hacia niveles de generalización más formales, eficientes y sofisticados.

La historia de la matemática en los orígenes de cada conocimiento ejemplifica y brinda situaciones que dan pie tanto a este proceso de reinvención y matematización como a las producciones libres de los alumnos con sus procedimientos informales.

Principio de interacción

En la EMR, se considera al aprendizaje de la matemática como una actividad social. La discusión sobre las interpretaciones de la situación problema, de las distintas clases de procedimientos y justificaciones de solución y de la adecuación y eficiencia de los mismos tiene un lugar central en la EMR. La interacción lleva a la reflexión y a capacitar a los alumnos para llegar a niveles de comprensión más elevados. No se piensa en una clase homogénea en sus trayectos de aprendizaje, sino en individuos que siguen senderos propios. Sin embargo, esto no lleva a partir la clase en grupos con procesos similares, sino más bien a mantener a toda la clase junta, como una unidad de organización, o al trabajo cooperativo en grupos heterogéneos –cuestión que fue defendida por Freudenthal desde los años 40 (Freudenthal, 1987,1991). Dado que los problemas se seleccionan de manera que den lugar a soluciones apelando a diferentes niveles de comprensión, todos los alumnos pueden trabajar en ellos.

Principio de interconexión (estructuración)

La EMR no hace profundas distinciones entre los ejes curriculares, lo cual da una mayor coherencia a la enseñanza y hace posibles distintos modos de matematizar las situaciones bajo diferentes modelos y lenguajes, logrando alta coherencia a través del currículo. Freudenthal propicia la interrelación entre ejes tan pronto, tan fuertemente y con tanto tiempo como sea posible (Freudenthal, 1991: 118). Justamente la resolución de situaciones problemáticas realistas a menudo exige establecer conexión y reclama la aplicación de un amplio rango de comprensiones y herramientas matemáticas.

"Lo que realmente importa es saber cómo encaja el tema en todo el cuerpo de la enseñanza matemática, si se puede o no integrar con todo, o si es tan estrafalario o aislado que, finalmente, no dejaría ninguna huella en la educación" (Freudenthal, 1982).

El currículo, la investigación didáctica y la capacitación desde la Educación Matemática Realista

Esta corriente concibe al currículo como un proceso que requiere del diseño de secuencias didácticas que, lejos de ser elaboraciones académicas restringidas a objetivos instruccionales, se enmarquen dentro de una filosofía educativa que busca explícitamente promover cambios en la enseñanza formalista y algorítmica (*top-down*) de la matemática en las aulas. El motor de este proceso es la *investigación para el desarrollo (educativo)*, una metodología cualitativa/ interpretativa [26] basada en experiencias de aulas en las cuales se implementan secuencias didácticas y se observan, registran y analizan hitos, saltos y discontinuidades en el aprendizaje de los alumnos. Su objetivo es llevar a la conciencia el proceso de desarrollo y explicarlo.

"*Volver consciente mediante la experiencia el proceso cíclico de desarrollo e investigación, e informarlo tan claramente que se justifique por sí mismo, y que esta experiencia pueda ser trasmitida a otros como para que la hagan propia*" (Freudenthal, 1991: 161).

La reflexión conjunta de investigadores, diseñadores curriculares y profesores acerca de estos fenómenos lleva a mejorar las secuencias didácticas, con miras a guiar de modo efectivo los procesos de matematización generándose así *desarrollos educativos*. Mientras que el desarrollo curricular, según Freudenthal, se centra en el desarrollo de materiales curriculares, el desarrollo educativo constituye mucho más que un diseño instruccional; es una innovación estratégica total que, por una parte, se funda en una filosofía educativa explícita y, por otra, incorpora el desarrollo de toda clase de materiales (adaptándolos) *como parte* de esa estrategia (Freudenthal, 1991; Gravemeijer, 1994).

---

[26] Se coloca a sí mismo contra el ideal de investigación educativa como modelado por la investigación en ciencias naturales. Argumenta que en las Ciencias Naturales es fácil presentar el conocimiento nuevo como el resultado de experimentos, ya que los experimentos son fácilmente replicables. En educación, la replicación es imposible en el estricto sentido de la palabra. Un experimento educativo jamás se puede repetir de manera idéntica, bajo idénticas condiciones (Freudenthal, 1991).

La didáctica realista invita a reemplazar la visión del alumno como receptor pasivo de una matemática prefabricada, por la de un sujeto que participa, junto con otros, en la organización matemática de fenómenos imaginables. Si la actividad primordial de los alumnos consiste en matematizar, ¿cuál es la actividad primordial de los profesores? Según Freudenthal (1991), es la de *didactizar*, entendida ésta como una actividad organizadora que se da tanto a nivel horizontal como a nivel vertical. Horizontalmente, los docentes trabajan en torno a fenómenos de enseñanza-aprendizaje que emergen en sus aulas y en las de otros; verticalmente, reflexionan [27] y generalizan a partir de estas situaciones hasta reinventar su propia caja de herramientas didácticas para facilitar la matematización.

Se subraya aquí la contradicción de pedir a los profesores que den a sus alumnos oportunidades para experimentar la matemática como actividad de reinvención, mientras que, en cursos de formación y capacitación, se les presentan teorías, propuestas y materiales didácticos prefabricados. Esto los priva de la oportunidad de apropiarse de herramientas fundamentales para el ejercicio de la profesión, incluidos los recursos teóricos y prácticos para *didactizar* a nivel horizontal y vertical.

La EMR está lejos de ser un paradigma acabado; se trata de una propuesta en estado permanente de desarrollo y transformación (Van den Heuvel-Panhuizen, 1999).

---

[27] Muchas reflexiones teóricas de investigaciones del IF son dadas en forma de anécdotas de las clases, y juegan un rol importante entre la teoría y la práctica. Tienen propiedades ejemplificadoras. Suelen representar numerosas observaciones de un fenómeno dado y son de alto potencial teórico. Proporcionan datos sobre fases, ideas intuitivas, niveles y niveles de avance en el proceso de aprendizaje, y resultan fáciles de recordar.

Bibliografía

Freudenthal, H. (1973) *Mathematics as an educational task*, Dordrecht, Reidel Publis Co.

Freudenthal, H. (1981) "Major Problems of mathematics educations", en *Educational Studies in mathematics*, 12, pp. 133-150, Reidel P.C.

Freudenthal, H. (1982) "Objetivos y empleo de la enseñanza matemática", en *Conceptos de Matemática*, Año XVI, Oct.-Nov.-Dic., N° 64, pp. 5-25.

Freudenthal, H. (1985) "Mathematics starting and staying in reality", en Wirzup y Streit (Eds.) *Developments in School Mathematics Education Around the World*. Reston, VA, NCTM.

Freudenthal, H. (1991) *Revisiting mathematics education: China Lectures*, Dordrecht, Kluwer.

Freudenthal, H. (1993) *Didactical phenomenology of mathematical structures*, Dordrecht, Kluwer.

Goffree, F. (2000) "Principios y paradigmas de una 'educación matemática realista'", en Gorgorió N., Deulofeu, J. y Bishop, A. (Coords.) *Matemática y educación. Retos y cambios desde una perspectiva internacional*, ICE, Universidad de Barcelona, Ed. GRAÓ, pp. 151-168.

Gravemeijer, K. y Tewuel, J. (2000) "Hans Freudenthal: a mathematician on didactics and curriculum theory", en *Curriculum Studies*, Vol. 32, 6, pp. 777-796.

Gravemeijer, K. (1994) *Developing realistic mathematics education*, Freudenthal Institute, Utrecht.

Gravemeijer, K. et alii (2000), "Symbolizing, modeling and instructional design", en Cobb, P., Yackel, E., y Mc

Clain, K. (Eds.) *Symbolizing and Communicating in Mathematics Classrooms*, Lawrence Erlbaum.

Gravemeijer, K. (2002) "Emergent Modelig as the Basis for an Instructional Sequence on Data Analisis", ICOTS6, www.fi.uu.nl.

Van den Heuvel-Panhuizen, M. (2001): "Realistic Mathematics Education in Netherlands", Cap. 4 del libro *Principles and Practices in Arithmetic Teaching. Innovatives approaches for the primary classroom*, Filadelfia, Ed. por Anghileri J. Open University Press.

Puig, L. (1997) "Análisis Fenomenológico", Cap. III del libro *La Educación Matemática en la Enseñanza Secundaria*, Rico L. (ed.), ICE, Ed. Síntesis.

Streefland, L. (1990) "Free productions in the teaching and learning of mathematics", en Gravemeijer, K. et alii (comps.) *Contexts, free productions, tests, and geometry in realistic mathematics education*, Utrecht, OW & OC, Utrecht University.

Treffers, A. (1987) *Three Dimensions: A Model of Goal and Theory Description in Mathematics Education: The Wiskobas Project*, Dordrecht, Kluwer.

Van den Brink, F. J. (1984) "Números en marcos contextuales", en *Educational Studies in Mathematics 15*, trad. Gallego, F. y Collado, M., pp. 239-257.

Van den Heuvel-Panhuizen, M. (1999) *Mathematics Education in The Netherlands: A Guided Tour*, Presesntación en la Conference on the Teaching of Arithmetic in England and The Netherlands, University of Cambridge.

Publicaciones del GPDM:

Collado, M., Bressan, A. y Gallego, F. (2003) "La matemática realista en el aula: el colectivo y las operaciones de suma y resta", en *Novedades Educativas,* 15, pp. 14-19.

Martínez, M., Da Valle, N., Bressan, A. y Zolkower, B. (2002) "La relevancia de los contextos en la resolución de problemas de matemática", en *Paradigma,* 22 (1), pp. 59-94.

Pérez, S., Zolkower, B. y Bressan, A. (2001) ¿Seño, es cierto eso?, en *Novedades Educativas,* 131, pp. 21-23; y 132, pp. 22-24.

Pérez, S., Bressan, A., Gallego, M. F. y Zolkower, B. (2004) "Ver imágenes, plantear razones y calcular proporciones", En elaboración.

Rabino, A., Bressan, A. y Zolkower, B. (2001) ¿Por qué en un caso sí y en otro no?, en *Novedades Educativas,* 13 (129), pp. 16-20.

Zolkower, B. y Shreyar, S. (2002) "Interaction and semiotic apprenticeship in a 6th grade mathematics classroom", en *Proceedings of the 20th PANAMA Conference* (The Netherlands), pp. 141-162.

Zolkower, B., Bressan, A. y Gallego, M. F. (2004) "La corriente realista de didáctica de la matemática: experiencias de aula de profesores y capacitadotes", sometido a consideración para su publicación en la Revista *Infancia y Aprendizaje,* Julio de 2004.

Educación Matemática: Disciplina y Proyecto

HUMBERTO ALAGIA

Prólogo

Las notas que siguen se basan en una conferencia dictada en la Escuela de Invierno de Didáctica de la Matemática, "La Educación Matemática como dominio de conocimiento: Tensiones, aportes, reflexiones" [28]. Al menos parte considerable de las "tensiones" de ese título tiene que ver con lo que evoca la expresión "educación matemática". Lejos de ser unívoca, esta expresión sugiere: gente matemáticamente educada, enseñanza de la matemática, currículo de alguna institución educativa, actividades relacionadas con la enseñanza de la matemática, a veces un campo de investigación y, las más de las veces, un proyecto de cambio o reforma y mejoramiento de la educación matemática. Si alguien nos dice que es "educador/a matemático/a", nos informa sobre una variedad de

---

[28] Organizada por el Centro de Estudios de Didácticas Específicas (CEDE) de la Universidad Nacional de San Martín (Buenos Aires, 18 de agosto de 2004). Agradezco la amable invitación de la Dra. Gema Fioriti.

cosas que podría estar haciendo, diferentes entre sí, pero que en ningún caso contradirían su afirmación. Una manera de pensar sobre esta variedad y discutir qué significa es considerar a la educación matemática "como disciplina", por un lado, y "como proyecto", por el otro. Lo que hacemos es plantear el problema y después buscar la pista en diversos artículos. Con esto pretendemos dar una visión –limitada pero no trivial– de cómo se discute esa cuestión. La presentación permite distinguir las diferentes comunidades involucradas y sus perspectivas. La matemática, la educación matemática y los profesores en servicio y en formación sirven para mirar desde diferentes puntos de vista a una disciplina y a una actividad de investigación que está "en búsqueda de su identidad".

En la bibliografía, además de la usada explícitamente en el texto, se indican algunas otras fuentes que, según creemos, resulta de interés consultar.

Disciplina y proyecto

> *Las ruedas de los diferentes mecanismos de la cultura se mueven con diversa velocidad.*
> IURI LOTMAN

> *Pero ¿cuánto tiempo será necesario para que la didáctica entre en las prácticas científicas y sociales?*
> GUY BROUSSEAU

¿Por qué "disciplina y proyecto"? Porque el término "educación matemática" evoca varias nociones y actividades. Una de ellas, la de una disciplina científica y un campo del conocimiento. Otra, la de un emprendimiento social en que los participantes son muchos actores e instituciones. Más allá de las características propias de cada uno, tanto la disciplina como el proyecto aparecen estrechamente ligados y resulta algo artificial tratar de separarlos. Queremos revisar algunas de las muchas reflexiones planteadas en la amplia literatura sobre el tema.

"*[Se llama] enseñanza o actividad didáctica a todo proyecto social de hacer que un alumno o una institución dados se apropien de un saber constituido o en vías de constitución*" (Brousseau, 1994). Al menos provisoriamente, podemos suponer que este proyecto social es el objeto de lo que discutimos aquí.

Una colega [29] nos señalaba lo siguiente en un breve y espontáneo intercambio a propósito de las actividades en la Reunión de Educación Matemática (REM), organizada por la Unión Matemática Argentina en el año 2003:

"Pienso que la antinomia Didáctica/Matemática se basa en que, como matemáticos, estamos acostumbrados a que todo teorema (útil, inútil, importante o tonto) es verdadero, tiene una demostración y no existe ambigüedad. Mientras que en las ciencias blandas existe más que el verdadero o falso. Eso es algo que a los matemáticos nos enfrenta no sólo con la Didáctica sino con el mundo (donde hay tantas inexactitudes).

Creo que ése es mi mayor conflicto: la Didáctica de la Matemática ¿es ciencia? Si lo es, ¿es blanda? ¿Por eso no me convence mucho? ¿O es que soy una retrógrada como los que descreen de la psicología? Sin entrar en posiciones

---

[29] Marisa Gutiérrez, matemática de la Universidad Nacional de La Plata.

filosóficas, la Didáctica de la Matemática ¿sirve para enseñar Matemática? Si es así, ¿en qué medida? ¿Mucho, más o menos, poco?

Es extraño para mí, porque mis padres fueron docentes. Yo inicialmente quise ser profesora, después terminé siendo investigadora... pero siempre adoré enseñar, creo que no hay trabajo más gratificante que el de enseñar. La pregunta es ¿cómo? ¿Cómo se hace bien? ¿Qué hay que saber para hacerlo bien?".

El texto citado toca una variedad de cuestiones que nos ocupan en estas notas. Plantea tanto el tema del estatus de la disciplina (¿es ciencia blanda?), su relación con la matemática, los conflictos conceptuales, la educación como disciplina y su papel como herramienta útil para la docencia, o sea, en el proyecto social de la enseñanza de la matemática.

Las actividades que se incluyen en las denominaciones de "educación matemática" y de "didáctica de la matemática" exhiben una complicada relación con las diferentes disciplinas con las cuales aparecen relacionadas. Esto es más notable en el caso de la educación y de la matemática. Por un lado, la matemática aparece como disciplina poco accesible e intimidatoria, sobre la cual sólo los expertos hablan y están autorizados a hacerlo; por el otro, la educación se percibe como una disciplina cuyo campo de interés es demasiado amplio (por la extensión del significado genérico del término) y posee características especiales en la medida en que aparece como actividad aplicada, muy ligada a la práctica y notablemente planificadora. Por esto, es importante señalar que aquello que ahora es educación matemática está decididamente dedicado al examen crítico de situaciones claramente acotadas a un área del conocimiento y a cada una de las diferentes partes de la matemática. Ese examen crítico no tiende a producir normas ni prescripciones, ni quiere hacerlo conscientemente. Pero es cierto que un examen crítico puede sugerir caminos que estrechen los vínculos entre la disciplina y el proyecto.

No es casual que los matemáticos vean con simpatía y a veces consideren valiosos aportes tales como escribir libros de texto. Pues allí puede reconocerse una actividad frecuentada por matemáticos, y porque lo que se valoriza es la función de transmisor del saber textualizado que tiene un libro, la transposición adecuada o simplemente aceptable, especialmente cuando no cuestionan ni incursionan indebidamente en asuntos que "no están sujetos a debate".

Al respecto, consideramos que la comparación de las relaciones de la matemática con la filosofía, la historia y la educación/didáctica de la matemática es fructífera. Las tres analizan los productos de la actividad matemática pasada o actual. Notemos que la filosofía puede llegar a cuestionar los fundamentos esenciales de la actividad, señalando límites, por ejemplo, a los sistemas axiomáticos. Pero, como es bien sabido, su impacto sobre la actividad es relativo: la comunidad matemática "toma nota" de esos análisis filosóficos pero prosigue conviviendo sin demasiados conflictos intelectuales; hay una razonable división del trabajo intelectual. Por su parte, la historia se relaciona de maneras específicas fuertemente basadas en su bien definida identidad disciplinar.

En cambio, con la educación y la didáctica la situación es diferente. Como actividades que recurren a varias otras disciplinas, que incluyen la filosofía y la historia, y que elaboran teorizaciones propias para analizar y reflexionar sobre la actividad matemática y, muy especialmente sobre la textualización y su comunicación, establecen una relación más estrecha con la matemática, por una casi superposición de áreas de interés. En efecto, para analizar la enseñanza hay que estudiar los objetos matemáticos que van a enseñarse.

En la comunicación del saber actual, la comunidad matemática juega un papel que considera vital e indelegable, y se basa normalmente en un consenso de esa comunidad. A pesar de la historicidad del consenso, éste resulta peculiarmente hegemónico, resiste desafíos. La educación y la didáctica, al menos las versiones actuales, actúan exactamente en esa zona crítica de la comunicación. La educación y la didáctica de la matemática actuales son mucho mas críticas que útiles, son disciplinas en vías de constitución que por esa razón tocan territorios que tradicionalmente no eran objeto de sus exploraciones.

Sobre esta intersección de campos de interés, Brousseau (1994) ha sostenido siempre que los problemas de educación matemática tales como la organización de actividades matemáticas con fines didácticos, la elección de problemas, la estructuración del discurso matemático, no son explicables reductivamente en referencia a otras disciplinas sino que constituyen esencialmente un trabajo matemático.

La importancia de la didáctica en la reorganización de los saberes científicos es enérgicamente argumentada por Brousseau (1995): *"En lo que toca a la reorganización de los saberes, es necesario discutir con quienes lo producen. En el seno mismo de la comunidad científica, los especialistas en didáctica y los profesores deben ganar la legitimidad para reorganizar los saberes enseñables. Por otro lado, estas reorganizaciones forman parte de la actividad científica. Muy a menudo se olvida que los recortes y la reorganización impuestos por la comunicación y la enseñanza de las ciencias son necesarios y contribuyen fuertemente a su evolución".*

Puntos de vista

El ICMI (International Committee on Mathematical Instruction) encomendó un estudio preliminar titulado "¿Qué es la investigación en educación matemática y cuáles son sus resultados?". En consecuencia, más adelante se publicó una colección de artículos llamada "Mathematics Education as a Research Domain: A Search for Identity" [30]. Según Kilpatrick (1995), parte de la motivación de este trabajo provino de la percepción de que los matemáticos no comprenden el campo de la educación matemática. Comenta que, por otra parte, existe la sensación de que los educadores a menudo "conversan sin escucharse" y que hay una falta notable de consenso sobre lo que significa ser un educador matemático. El autor ejemplifica esto destacando las diferencias entre dos situaciones hipotéticas. Una donde un matemático decide dedicarse a la educación matemática porque piensa que es un campo en el que puede contribuir. En la otra, un educador matemático decide hacer investigación matemática porque también considera que puede contribuir en dicho campo.

"En la medida en que las dos historias precedentes no suenan igualmente plausibles es que hay un desequilibrio

---

[30] Es decir, la educación matemática como dominio de investigación: una búsqueda de identidad (Kluwer, 1998).

en el estatus", sostiene el autor. Claro está que hay muchos ejemplos reales de la primera situación y, creemos, pocos de la segunda. Lo que estas situaciones imaginadas muestran es la asimetría de las ubicaciones respectivas, y no un desequilibrio en el estatus: la "distancia" es diferente según desde dónde se mida. Se piensa que la cuestión es que la matemática constituye un área a la que uno entra después de satisfacer ciertos requisitos académicos, demostrando su competencia, por ejemplo a través de la publicación de resultados originales. La educación matemática, en cambio, es un campo en el cual uno ingresa simplemente declarando su interés. Una manera de interpretar el experimento mental de Kilpatrick sería que el matemático quisiera intervenir en un proyecto social, en la educación matemática como proyecto, y no en la disciplina. Y uno participa en un proyecto como ése "declarando su interés".

Una manera de darle más sentido a esto consiste en afinar los conceptos y ensayar una distinción entre "educación matemática como disciplina" y "educación matemática como proyecto"; ocurre que se confunden la disciplina con el proyecto y se supone que la dependencia del proyecto es de la matemática, y no de la educación matemática. En realidad, el proyecto no depende exclusivamente de ninguna de las dos áreas; es significativo que el estudio de esta dependencia sea estudiado por expertos en educación matemática [31].

En el comentario sobre la recopilación de "Mathematics Education as a Research Domain", el matemático Lynn

---

[31] Por ejemplo, en la obra de Chevallard (1991), particularmente en el artículo allí incluido: "Un ejemplo de análisis de la transposición didáctica: la noción de distancia" (en francés).

Steen (1999) realiza una descripción atractiva, aunque exagerada –desde el título mismo, que parafrasea a Alice de Carroll–, de estas tensiones.

De un lado observa que: *"La mayoría de los matemáticos se consideran, hasta cierto punto, tanto educadores como investigadores. Sin embargo pocos abrazan o, aunque sea, respetan el asunto en la intersección de estos campos: la investigación en educación matemática. Los matemáticos raramente aplican su propia perspicacia lógica a la evaluación de la enseñanza y del aprendizaje, tampoco leen frecuentemente la vasta y creciente literatura en educación matemática. Tienen conflictos para evaluar el trabajo profesional de investigadores en educación y a menudo resisten la presión para publicar (o aun reseñar) trabajos de investigación en revistas profesionales importantes. Y pocos buscan en la investigación educativa para inspirarse cuando tratan de mejorar su propia enseñanza."*

Sin embargo, Steen no ahorra acerbas y animosas críticas al otro lado:

"[Pero] quizá la frase 'investigación en educación matemática' es simplemente una ficción, si no un oxímoron. ¿Es la educación matemática, al menos, capaz de investigar? ¿Cuáles podrían ser los objetivos de tal investigación? ¿cuáles son los objetos de estudio? ¿Cuáles son las preguntas principales? ¿Cuáles las teorías principales? ¿Cuáles son sus resultados clave? ¿Cuáles son los criterios? ¿Cuáles las aplicaciones importantes? Los críticos de la investigación en educación matemática señalan la escasez de respuestas a estas preguntas como evidencia de que se trata aquí más de un movimiento político que de una disciplina científica."

Relacionado con esta última observación, el título de un artículo de Kilpatrick (1998) resulta significativo: "Educational Research: Scientific or political?". La cuestión está instalada desde hace tiempo: parece que lo que tiene necesariamente connotaciones políticas es la "educación matemática como proyecto" en lo que tiene de política educativa y de interés por la cosa pública. También se ha observado que hay un círculo vicioso que encierra a las actitudes sobre la formación de profesores "entre la militancia y el proselitismo", esto en referencia a la provisión de herramientas.

La difícil relación entre la disciplina y el proyecto vuelve a aparecer aquí.[32] Las reflexiones de Steen preguntan pero no aportan mayores fundamentos y parece haber un mal indicado reduccionismo, que no corresponde, dado que está hablando a la vez de aspectos que, según creemos, se deben discriminar. No parece extraño que fenómenos tan complejos como los de la educación susciten respuestas variadas y sólo aproximadas, de allí "la búsqueda de la identidad" del título del libro al que hemos hecho referencia antes (ver nota 2).

Artigue (1998) precisa algunas manifestaciones de lo señalado: *"La didáctica no puede cumplir con todo lo que se espera de ella* –cuestión explicitada por Brousseau–. *Además, en un primer contacto, muy frecuentemente perturba y desestabiliza. Muestra los fracasos de métodos*

---

[32] Estas preguntas pueden aplicarse a cualquier disciplina y con resultados diversos. No creemos que sean válidas como una forma de cuestionamiento o de impugnación de un área. ¿Qué quieren decir con movimiento político? La instauración de la matemática es resultado de un movimiento político triunfante y ya establecido. Sucede que ese origen es suficientemente lejano en el tiempo como para tenerlo presente. (Recordar el caso de la medicina, citado en Schoenfeld, 2000.)

usuales de enseñanza y tiende a privarnos de las falsas creencias que nos ayudan en nuestra vida profesional. Nos muestra cómo, en cuanto actores del sistema didáctico, estamos involucrados en su mal funcionamiento".

Podría inferirse el carácter paradójico del hecho de que una disciplina que rechaza con vehemencia un papel auxiliar, relacionado con métodos, normas y prescripciones sobre la enseñanza, sea motivo de estimulantes polémicas y controversias, mucho más que vivaces. Las consideraciones precedentes intentan demostrar que no hay tal paradoja.

La idea de qué es (o debería ser) la educación/didáctica de la matemática resulta ilustrativa. Desde otros lugares se exige que esta disciplina y actividad haga y sirva para una variedad de objetivos, como acertadamente dice Brousseau (1994):

"Tiene que mostrar su pertinencia por conclusiones relacionadas con la noosfera [33], los padres, la sociedad; sus conclusiones deben ser directamente comunicables a todo el mundo, sin ningún concepto extraño, sin vocabulario específico; estas conclusiones deben ser seguras y estar probadas por métodos clásicos. A la vez, tienen que ser originales, más de lo que puede obtenerse del conocimiento común pero sin dejar de ser compatibles con él. La didáctica también debe ser efectiva para proponer acciones educativas o progresos materiales significativos, generales y rápidos en la enseñanza. El conocimiento producido por medios didácticos debe resultar visiblemente aplicable a la

---

[33] La noosfera es la zona del sistema didáctico en la que se piensa el funcionamiento de la didáctica que se implementa en las instituciones. Incluye los equipos técnicos de los organismos de educación, los asesores, las personas que desarrollan propuestas curriculares, las asociaciones de profesores, etc.

enseñanza por los profesores y sin modificación drástica de sus concepciones y métodos." Estas expectativas y consecuentes exigencias crean una actitud de adaptación por parte de la comunidad de educadores matemáticos que, de manera particularmente aguda, tiende a favorecer un ambiente de respuesta a esa presión que, en general, no resulta conducente al trabajo de investigación científica: *hay una tensión compleja y difícil de manejar entre la disciplina y las urgencias del proyecto.* Volveremos sobre esto cuando estudiemos el trabajo de Burkhart y Schoenfeld.

Profesión y campo científico

Estos otros dos aspectos de la educación matemática cobran relevancia cuando consideramos el estado del área. En Kilpatrick (1994) se hace referencia a una caracterización de Schubring de ambos aspectos.

En una profesión es necesario un conocimiento especializado, y la preocupación por las aplicaciones de este conocimiento tiene que ver con la existencia de una "clientela". Además, una profesión tiene un carácter corporativo y una capacidad de autodeterminación.

Schubring destaca, en cambio, que en un campo científico se da la necesidad de una comunidad y de un conocimiento teórico "codificado en textos". Asimismo, señala la necesidad de patrones específicos de carreras y procesos de socialización para seleccionar y educar candidatos, para su integración a la comunidad.

Hay una interconexión necesaria entre los dos aspectos, sostiene Kilpatrick, ya que *"el costado científico no puede desarrollarse en buena medida a menos que de algún modo se aplique a la práctica profesional, y por su parte, el desarrollo profesional requiere de un conocimiento especializado que sólo la indagación científica puede proveer"*. Es interesante el proceso de evolución de estos dos aspectos en la educación matemática. Como consecuencia de la profesionalización de la educación de profesores se crearon carreras y cursos universitarios destinados a ellos. Estos cursos, naturalmente, fueron más allá de un currículo mínimo y estándar sobre contenidos y métodos *"para empezar a considerar cómo la teoría, la investigación y la práctica pueden combinarse productivamente; es decir, comienza a emerger la educación matemática como algo diferente de la metodología de la enseñanza con la que suele identificarse erróneamente"*, según Kilpatrick. Esta confusión es lamentablemente demasiado frecuente y constituye un obstáculo para el diálogo tanto con matemáticos como con educadores.

Así ocurrió un fenómeno que puede ser descrito como "más profesional, entonces más científica", y la Educación Matemática comenzó a ser un área de actividad independiente. Kilpatrick asevera que la educación matemática inevitablemente es "una ciencia humana aplicada".

Considerar la educación matemática como ciencia humana aplicada no impide reafirmar que los educadores matemáticos necesitan formar y mantener vínculos más estrechos con los matemáticos.

La educación matemática creció a partir de la matemática, y alejarse de ella sería *"descender a una estéril preocupación por el método sobre el contenido"*. No es difícil encontrar matemáticos interesados en el estado de la enseñanza de la matemática; pero encontrar matemáticos dispuestos a trabajar con educadores matemáticos para mejorar la enseñanza y el aprendizaje de la matemática constituye una tarea nada trivial, advierte Kilpatrick.

Por otro lado, se habla sobre los vínculos de los investigadores en educación matemática con los profesores de matemática, o sea, sobre la aplicación de esa investigación. La educación es un área en la cual la brecha entre la investigación y la práctica resulta especialmente ancha. No se pretende que los investigadores deban intentar hacer trabajo que los profesores pueden aplicar inmediatamente, pero *"a menos que el campo como tal haga investigación que tenga valor práctico, será considerado no sólo irrelevante sino también improductivo"*.

Hay acuerdo en general sobre este diagnóstico, el trabajo de Burkhart y Schoenfeld que revisamos más adelante es particularmente pertinente. Sin embargo, la situación de una actividad de investigación permanentemente sujeta a demandas sobre su aplicabilidad debe considerarse con mucha mesura. Es necesario recordar que todas las demandas se refieren a las aplicaciones, tanto las demandas de los matemáticos como las de los profesores de matemática. Basta analizar las críticas de Steen mencionadas antes que, aunque hablan de teorías, realmente cuestionan los objetivos y la aplicabilidad.

En cuanto a la ubicación académica de los educadores matemáticos, Kilpatrick mantiene una posición escéptica respecto de la integración de los mismos a departamentos de matemática, y en esa línea afirma que "el campo de la educación matemática progresa más rápidamente dentro de las escuelas de educación".

Los investigadores en educación matemática no prueban teoremas: sus afirmaciones son condicionales, tentativas y profundamente contenidas en un contexto [34]. Además, Kilpatrick señala un conflicto relacionado: cuando los educadores matemáticos universitarios trabajan en un departamento de matemática, la gente debe entender que, *aunque justificadamente podemos ver la educación matemática como una entre otras disciplinas matemáticas, los criterios para la actividad académica de calidad no son los mismos que para las otras*. Esta opinión debería, por supuesto, compararse con la idea de Brousseau de que el trabajo didáctico es un trabajo matemático.

De todas maneras, es importante tener claro que hay una actividad que no debería debilitarse con la excusa de la aplicabilidad. Como advierte Artigue (1998): *"Los didactistas deben prestar más atención a las demandas del sistema educativo, cada vez que consideren a éstas compatibles con el trabajo científico"*.

¿Educación como proyecto o educación como disciplina? Dos ejemplos

Conviene repasar brevemente dos reformas educativas: una la de comienzos del siglo XX y la otra la muy conocida de "la matemática moderna".

A principios del siglo XX, el currículo escolar, especialmente en Francia, experimentó importantes reformas. Se trató de disminuir la relevancia del currículo existente, basado en las "humanidades clásicas", y de darle importancia a uno basado en las "humanidades científicas". En

---

[34] En Schoenfeld (2000) también se considera necesario hacer esta "aclaración para matemáticos".

efecto, el currículo de ciencias no era más que conocimiento técnico. El protagonismo y la contribución de matemáticos renombrados fue de enorme impacto; Borel, Poincaré, Hadamard, Darboux, Appell y otros estuvieron a cargo de la elaboración y la negociación política del currículo, también dieron conferencias públicas y escribieron libros de texto.

Estos matemáticos concibieron su tarea como una reorganización del antiguo y obsoleto currículo adaptándolo tanto a la evolución de la matemática como a las necesidades de la evolución científica y técnica. Consecuencia directa de esto fue la introducción del análisis en la escuela secundaria.

Una de las características salientes de este proceso fue la consideración especial de los estudiantes; hubo un esfuerzo para realizar los cambios teniendo en cuenta el potencial cognitivo de ellos. En un artículo sobre las definiciones matemáticas del año 1904, Poincaré expresa con énfasis esa preocupación: *"(...) sin dudas es difícil para un docente enseñar algo que no lo satisface completamente. Pero la satisfacción del profesor no es el único objetivo de la enseñanza; primero, uno debe tener en cuenta qué es la mente del estudiante y qué quiere uno que llegue a ser".*

Por su parte, el movimiento de la matemática moderna, que se extendió a todos lados, con mayor o menor fortuna estuvo ligado a la promoción de la "matemática para todos", y no sólo para una elite culturalmente adaptada.

Por la misma razón, comprometió a toda la comunidad de profesores, y no sólo a una elite, distinto de lo que ocurría antes.[35]

---

[35] Se puede encontrar una buena referencia en Chevallard (1991), y para el caso de EE.UU., en Davis (1990) y (1992).

Como indica Artigue, la confianza de la comunidad matemática en su propia experiencia (y en las ideas entonces muy aceptadas del estructuralismo) llevó a la falta de consideración de una cuestión fundamental: ¿Qué tipo de cultura matemática era necesaria para aceptar tal aproximación a esta disciplina y beneficiarse con ella? Las vicisitudes de la reforma de la "matemática moderna" pusieron claramente en evidencia un asunto fundamental: la experiencia matemática, complementada con algunos principios generales de psicología y pedagogía, no era suficiente para promover una efectiva organización ni un manejo de la compleja realidad de enseñar matemática para todos. Un objetivo indiscutible (la matemática para todos), apoyado por expertos acordes con las tendencias de la época (décadas de los 50, 60, 70), como se vio, no es suficiente ni tampoco necesario para encarar la solución de un problema que era (y es) complicadísimo de abordar. Pese a la formidable conjunción de esfuerzos intelectuales y técnicos, el problema fue (y sigue siendo) más bien intratable. Anotamos que conjunciones tales como "pedagogía y matemática" y reducciones como "pedagogía" o "matemática" siguen teniendo un papel importante y siendo posiciones asumidas por muchos.

Para realmente comprender el problema era necesario aceptar la idea de que otras competencias, otras formas de conocimiento, tenían que desarrollarse. También se necesitaba que se aceptara el hecho de que las distorsiones observadas no eran sólo efecto de alguna disfunción del sistema educativo, sino fenómenos normales inducidos por una inadecuada e insuficiente comprensión de los vínculos y leyes que gobiernan el sistema educativo. Asimismo, debía considerarse que si la escuela iba a mejorar matemáticamente, la investigación específica era necesaria para comprender mejor esas leyes y esos vínculos.

Artigue señala una circunstancia importante: *"La falta de éxito, para muchos estudiantes, de una lógica de la enseñanza basada sólo en la lógica matemática actual ha sido claramente probada"*. Y presenta claramente la actitud vigente: por medio de la investigación actual, se trata de *"combinar dos coherencias: la coherencia matemática que es epistemológicamente fundamental y la coherencia cognitiva –hasta donde podemos conocerla–"*.

Burkhardt y Schoenfeld (2003) discuten la situación actual de la investigación educativa y reflexionan sobre su mejoramiento para que sea "un emprendimiento más útil, con más influencia y con mayor apoyo financiero" como adelanta ya el título: "Improving Educational Research: Toward a more useful, more influential and better-funded enterprise" ("Mejorando la investigación en educación...").

Sus argumentos, aunque referidos a lo que pasa en el área de EE.UU., y no limitados sólo a la educación matemática, son sólidos.

El título revela las preocupaciones de los autores y las motivaciones son claras: hay demandas y críticas que se centran en la utilidad del emprendimiento. La propuesta es elaborada y ambiciosa e incluye todos los aspectos de tal empresa.

Hay un énfasis marcado en la situación de la "ingeniería", con lo que designan el desarrollo de herramientas y procesos basado en la investigación, para uso de los profesionales. Se presentan modelos de vinculación entre la teoría y la práctica (modelos RP, *research and practice*).

También sostienen que la investigación en educación tiene poca credibilidad, aun entre sus posibles clientes, docentes y administradores. Cuando hay problemas, ellos raramente recurren a la investigación. Nos dicen que faltan modelos creíbles de empleo de la investigación educativa para moldear la práctica. Cuando hablan de las aplicaciones de la investigación, reconocen que la buena investigación enfocada hacia las ideas y percepciones identifica problemas y sugiere posibilidades de progreso pero que no puede generar por cuenta propia soluciones confiables que puedan instrumentarse directamente en gran escala.

El enfoque de Burkhart y Schoenfeld (2003) pone énfasis en algunas características y conflictos de la investigación educativa y de sus aplicaciones, centrando su interés entre la educación como profesión y la educación como campo científico.

Los autores identifican tres grandes tradiciones de investigación en la educación. Una es el enfoque de las *humanidades*, la tradición más antigua. Puede describirse como *"investigación original realizada para obtener conocimiento y comprensión, y nuevas ideas y percepciones"*. La cualidad de este tipo de investigación es *"la evaluación crítica respecto de su plausibilidad, consistencia interna y relación con los conocimientos actuales"*. Es importante destacar que no se requiere que las afirmaciones que se realizan se verifiquen empíricamente. *El producto central de esta investigación es el comentario crítico.* Una parte muy significativa de la investigación en educación se encuentra en esta tradición. Sin embargo, ocurre que muchas buenas ideas, resultado de estos comentarios críticos, no han funcionado bien en la práctica, y así la falta de apoyo empírico aparece como una debilidad.

En cambio, la "educación basada en evidencias", el enfoque científico, requiere que las afirmaciones estén sujetas a verificación empírica. Como en el caso anterior, este tipo de investigación produce ideas, identifica problemas y sugiere posibilidades. Pero no genera soluciones prácticas, ni siquiera en pequeña escala.

Aquí aparece el enfoque de ingeniería [36] que, en principio, puede generar soluciones prácticas.

Este último enfoque se realiza con ideas de otras investigaciones, si se dispone de ellas, pero va más allá de eso. Los productos principales son herramientas y/o procesos que funcionan bien para los usos y usuarios [37], con evaluación basada en evidencia.

Para que esto sea posible resulta esencial tanto el desarrollo basado en la investigación como la construcción de modelos robustos, y bien probados, de cambio en gran escala.

"La investigación educativa está en un potencial momento de cambio", sostienen, y agregan que *"el cambio es posible y sería ventajoso para nosotros. Prestando atención a la teoría de maneras adecuadas mejorará tanto nuestro trabajo como la reputación del área. Pero la teoría como tal nos llevará sólo hasta cierto punto. La gran diferencia ocurrirá si nos situamos de tal manera que podamos progresar en los grandes problemas de la práctica".*

La perspectiva didáctica

Adoptar la perspectiva didáctica implica aceptar la problematización de la matemática, al menos de la que se ense-

---

[36] El uso de la palabra "ingeniería" no debe confundirse con la metodología *"ingeniería didáctica"* utilizada en la didáctica francesa.
[37] Un ejemplo de herramienta es la producción de libros de matemática para la enseñanza.

ña. Y cuando somos de alguna forma todos enseñantes, implica también aceptar los fracasos de nuestra actividad como tales. Pero, como decíamos al comienzo de este artículo, *"para analizar la enseñanza hay que estudiar los objetos matemáticos que van a enseñarse [...] La educación y la didáctica de la matemática actuales son mucho mas críticas que útiles, son disciplinas en vías de constitución que por eso necesariamente tocan territorios que tradicionalmente no eran objetos de sus exploraciones"*.

Notemos que Artigue hace precisiones sobre este punto al afirmar que, aunque las dificultades en la enseñanza sean reconocidas por todos, *"el hecho de que sea demostrado no es muy agradable. Aceptar la perspectiva didáctica significa aceptar esta desestabilización y buscar más información útil"*. El trabajo didáctico tiende a ser crítico respecto de la matemática del aula, y sus críticas son diferentes y más incisivas que las usuales intuiciones de matemáticos y docentes.

Un concepto muy importante como la transposición didáctica [38], reconocido y aceptado por la investigación en didáctica de la matemática, tiene como consecuencia que los contenidos de la enseñanza, lo que se enseña en la escuela, sea algo distinto de la matemática de los matemáticos. Sin embargo, la comunidad de los departamentos de matemática encuentra dificultades para aceptar esto, aunque tenga importantes consecuencias en la enseñanza de la matemática para no matemáticos. Una cuestión fundamental se plantea: *si hay una o dos matemáticas*. En parte relacio-

---

[38] La noción de *transposición didáctica* es usada en la *didactique* francesa. Para nuestro propósito, aquí es suficiente aceptar que la matemática escolar o para no matemáticos "no es la misma" que la matemática de los matemáticos.

nado con esto, respecto de la enseñanza universitaria el matemático H. Wu lamentó que se enseñara en *"casi todos nuestros cursos como si todos nuestros estudiantes fueran a tomar cursos de postgrado. Esto es totalmente absurdo..."* (citado en *Notices AMS*, vol. 44, 7, agosto de 1997). Que un investigador de matemática señale esto es significativo. También lo es que en ciertos casos se proponga encarar la cuestión de la enseñanza de la matemática para no matemáticos, por ejemplo el planteo preocupante de enseñar "sólo lo que el estudiante necesite". Resolver el problema de la transposición didáctica es importante como objetivo a alcanzar, ignorarlo no sirve.

Recíprocamente, como bien se señala en Sfard (1998), hay que evitar que se vaya al otro extremo y que la inevitabilidad de la transformación didáctica se interprete como una autorización para ignorar la voz de los matemáticos.

Comunidades: Matemática y Educación Matemática

Las relaciones entre las dos comunidades tienen formas muy arraigadas en todo el mundo y, aunque sea razonable preocuparse mucho por ellas, pareciera no constituir el tema fundamental. La relación entre las comunidades de práctica de educadores matemáticos y de matemáticos es un problema generalizado, pero parece ser más interesante como problema de investigación. Desde el punto de vista práctico, admite soluciones más o menos satisfactorias, variadas y locales; los ejemplos abundan. Lo importante es que siempre habrá matemáticos interesados en la educación matemática como proyecto, y algunos lo estarán también en la educación matemática como actividad de investigación. De paso, aquí identificamos un sitio para una actividad importante: promover el interés de estudiantes de carreras de matemática en la investigación en educación matemática. Hay ciertas relaciones de subordinación de los educadores matemáticos respecto de los matemáticos, que a veces emergen con exagerada visibilidad. No es fácil que esta situación cambie en general. Los matemáticos y sus organizaciones naturalmente se ocupan de la educación matemática y, más aún, no es razonable pensar que lo hagan en situación de subordinación. Puede especularse que esas situaciones se mantendrán más o menos como vienen existiendo, y no cabe duda de que son temas dignos de atención. Aquí nos limitamos a sugerir que la prioridad es asunto debatible. Hay varias cuestiones importantes, pero es necesario distinguir diferentes prioridades. La que nos interesa es, literalmente, la delimitación de una zona de competencia intelectual mejor definida que la actual.

Bibliografía

Artigue, M. (1998) "Research in Mathematics Education through the eyes of Mathematicians", en Sierpinska, A. y Kilpatrick, J., *Mathematics Education as a Research Domain: A Search for Identity*, Dordrecht, Kluwer, pp. 477-489.

Brousseau, G. (1994) "Perspectives pour la Didactique des Mathématiques", en *Vingt Ans de Didactique des Mathématiques en France*, Grenoble, La Pensée Sauvage, pp. 51-56.

Brousseau, G.(1994) "La investigación en didáctica de la matemática", Conferencia en IMIPAE, Barcelona (Transcripción y versión castellana).

Brousseau, G. (1995) "Didactiques des Sciences et formation de professeurs", Conferencia en Ho Chi Minh, Vietnam.

Burkhardt, H. y Schoenfeld, A. (2003) "Improving Educational Research: Toward a more useful, more influential, and better-funded enterprise", en *Educational Researcher*, vol.32, N°. 9, pp. 3-14

Chevallard, Y. y Joshua, M. (1991) *La transposition didactique*, Grenoble, La Pensée Sauvage.

Davis, R. (1990) "Discovery Learning and Constructivism", en *Research in Mathematics Education*, Monograph N° 4, NCTM, Reston, Virginia, pp. 93-106.

Davis, R. (1992) "A Theory of Teaching Mathematics", en *Journal of Math Behavior,* 11, N° 4, 337.

Kilpatrick, J. (1988) "Educational Research: Scientific or Political?", en *Australian Educational Researcher*, 15, pp. 13-28.

Kilpatrick, J.(1993) "Beyond Face Value: Assessing Research in Mathematics Education", en *Symposium* in Gilleleje, Dinamarca.

Kilpatrick, J. (1995) *Staking Claims*, Göteborg, Suecia.

Kilpatrick, J. (1997) "Confronting Reform", en *The American Mathematical Monthly*, vol. 104, N°10.

Poincaré, H. (1904) "Les définitions en Mathématiques", en *L'Enseignemant des Mathématiques*, 6, pp. 255-283.

Schoenfeld, A. (1999) "Looking towards the 21st century: Challenges of Educational Theory and Practice", en *Educational Researcher*, vol. 28, N° 7, pp. 4-14.

Schoenfeld, A. (2000) "Purposes and methods of Research in Mathematics Education", en *Notices AMS*, Vol. 47, N° 6.

Sfard, A. (1998) "The Many Faces of Mathematics: Do mathematicians and researchers in mathematics education speak about the same thing?", en Sierpinska A. y Kilpatrick, J. *Mathematics Education as a Research Domain: A Search for Identity,* Kluwer, Dordrecht, pp. 491-511.

Steen, L. (1988) "The Science of Patterns", *Science*, vol. 240, p. 611.

Steen, L. (1999) "Theories that gyre and gimble in the wabe", en *Journal for Research in Mathematics Education*, *30*, pp. 234-241.

Wu, H., (1997) "The Mathematics Education Reform", *The American Mathematical Monthly*, vol.104, N°10.

En la misma colección

❏ **Enseñar Matemática hoy**
Patricia Sadovsky

❏ **Iniciación al estudio didáctico del Álgebra**
Carmen Sessa

❏ **Iniciación al estudio didáctico de la Geometría**
Horacio Itzcovich

❏ **Razonar y Conocer**
Mabel Panizza

Se terminó de imprimir en el mes de julio de 2005
en los Talleres Gráficos Nuevo Offset
Viel 1444, Capital Federal
Tirada: 3.000 ejemplares